KB058666

최고의 공부를 위한 멘탈 트레이닝

초집중의 힘

초집중의 힘

최고의 공부를 위한 멘탈 트레이닝 | 박세니 지음

RHK
알에이치코리아

공부, 머리가 아닌
마음으로 하는 것

내가 대학교를 졸업한 스물여덟 즈음, 그해 1, 2월 떨리는 마음을 진정시키면서 약속도 없이 큰 학원의 원장실에 찾아다니지 않았다면 어땠을까 하는 생각을 한다. 그 후, 나는 매년 엄청난 숫자의 수험생들을 명문대에 합격시키는 기적을 만들며 20대에 수억 원의 연봉을 받는 교육자가 되었고, 나와 학생들의 인생을 모두 바꾸었다. 이런 시발점이 없었다면 지금의 나는 없었을 것이다.

그동안 수만 명의 수험생을 만나면서 다양한 심리적 문제를 접해왔다. 수험생마다 마음 속 상처가 너무 깊었다. 혼자만의 힘으로 이겨내야 하는 공부는 힘들고 어렵기에, 희망도 없이 무기력한 모습이었다. 이 힘든 시기를 잘 이겨내기 위해서는 소위 강한 멘탈을 키워야 한다. 멘탈을 강하게 키우는 일은 쉽지 않지만, 신뢰할 수 있는 누군가가 확실한 방법을 가르쳐준다면 충분히 가능하다.

최선을 다해 열심히 공부해서 고득점을 받고 시험에 합격한 사람들의 이야기는 큰 동기 부여가 된다. 그들 자신이 직접 실천하고 증명한 방법이니 누군가에게도 훌륭한 이정표 역할을 할 수 있는 것이다. 하지만 사람마다 지식, 환경, 마음가짐, 심리적 요인, 특히 우리의 모든 생각과 행동의 대부분을 관여하는 무의식의 상태가 다르기 때문에, '인간의 공통 심리 특성'에 대한 본질적인 이해가 없는 상태에서 접한 타인의 성공 사례는 그저 '나와 다른' 사람들의 특별한 이야기처럼 느껴질지도 모른다.

같은 책이나 사례를 읽고도 누군가는 완전히 각성해서 합격과 성공에 큰 동기 부여를 받지만, 누군가는 도움이 되는 느낌만 들 뿐 실제적인 변화가 거의 일어나지 않는 경우도 있다. 그 원인은 바로 공부에 꼭 필요한 '초집중'에 대한 근원적인 이해와 '인간'의 본질적 특성을 알고 있느냐의 차이에서 발생한다. 시험에 합격하거나 인생에서 큰 성취를 이루어낸 소위 성공한 사람들은 자신만의 방식으로 본질과 핵심에 대한 해답을 찾은 사람들이다.

공부 또는 일을 하기 전에 반드시 선행되어야 할 중요한 지식이 있다. 이것을 모르면 '그냥 열심히'는 할 수 있지만, '제대로 잘'하기는 어렵다. '초집중'할 수 있는 트레이닝의 과정을 거치면 성적 향상은 물론이고 자신의 목표와 꿈을 이루며 원하는 삶을 살 수 있으리라는 깊은 확신도 갖게 된다.

다음에 해당하는 사람이라면 이 책을 읽기를 권한다.

✕ 열심히 하는데 만족스러운 성적이 나오지 않는가?

✕ 해야 할 공부는 많은데 마음만 급하고 불안한가?

✕ 점점 무기력해져서 집중력이 떨어지는가?

✕ 성적에 대한 스트레스로 공부를 포기하고 싶은가?

✕ 긍정적으로 달라진 자신의 모습을 원하는가?

✕ 인류에 보탬이 되는 삶을 살고 싶은가?

이 책은 성공의 핵심, 고도의 집중과 몰입 상태를 의미하는 '초집중'을 활용하여 성적 향상 또는 탁월한 성과, 시험 합격 등의 성취를 내고 싶은 사람들을 대상으로 집중의 원리와 핵심을 한 권에 정리한 것이다. 다양한 상황에서 실질적으로 활용할 수 있는 초집중 방법과 사례를 풍부하게 담았다. 인간의 심리적 특성을 파악하여 심리적 자생력을 높이는 데 목적이 있으며, 사회성 및 인간관계 기술, 업무 분야에서의 월등한 성취, 목표 달성을 위한 강력한 동기 부여, 성공을 위한 실전적인 행동 법칙 등의 내용도 담고 있다. 또한 수험생 전문 멘탈 트레이닝 프로그램으로, 현재까지 수만 명의 수험생이 직접 경험하고 놀라운 결과로 증명하며 찬사를 보낸 대입학원 전설의 심리 수업 내용과 1:1 상담 사례 등이 알차게 수록되었다. 이 책의 효과는 다음과 같다.

첫째, 학업 능력과 성적 향상, 멘탈 리허설 훈련을 통해 시험 당일 최적의 컨디션을 발휘한다.

둘째, 심인성 질환인 정서불안, 불면증, 위장장애, 두통, 집중력 부족, 무기력증, 시험 공포증 등을 완화하는 마음 상태를 유지한다.

셋째, 성적과 성공에 대한 강력한 동기 부여로 최적의 마인드를 세팅하고 집중력을 향상한다.

넷째, 단체생활에서 필요한 인간관계 능력과 사회성 발달, 자신감 회복을 돕는다.

다섯째, 수험생활 중 겪을 수 있는 억눌린 욕구와 과도한 부담감을 해소한다.

여섯째, 강한 의지와 올바른 멘탈 관리, 성공을 위한 진짜 지식으로 채운다.

나를 만났던 수많은 사람이 목표와 꿈을 이루며 초집중의 힘을 증명했다. 그러니까 지금, 공부해야 한다. 앞으로 내가 알려주는 합격과 성공의 법칙을 깨우치면 더 이상 어떤 시험도 두렵지 않을 것이다. 같은 에너지를 가진 인간으로 태어나도 누구는 위대한 업적을 이루고, 누구는 하찮은 일만 하다 인생을 마감한다.

그 차이는 바로 '정신'이다. 지금 당장 성공을 끌어내는 멘탈 상태를 만들어내자. 당신도 분명히 할 수 있다.

박세니

목 차

1 공부 몰입을 위한 준비 단계

: 초집중의 핵심 원리

4 성공을 위한 초집중 마스터 단계
: 인생을 바꾸는 심리 수업

시간이 없는 것이 아니라,

의지가 없었던 것이다.

머리가 나쁜 것이 아니라,

멘탈이 약했던 것이다.

노력이 부족한 것이 아니라,

지식이 부족한 것이다.

공부 몰입을 위한
준비 단계

~~~~~~~~

: 초집중의 핵심 원리

아는 것과 모르는 것을
제대로 구분하라

'메타인지'라는 용어가 나온 뒤에는 첫 수업에서 무조건 이 말부터 시작한다. 공부를 잘하는 사람에게는 하나의 공통점이 있다. 바로 메타인지 능력이 정교하다는 것이다. 그만큼 메타인지는 공부 몰입과 성적 향상을 위한 중요한 개념이다. 그렇다면 '메타인지'란 무엇인가?

메타인지에서 메타는 '고차원', '초월적인'이라는 뜻으로 고차원의 인지를 의미한다. 비유하자면 '내 생각을 바라보고 있는 눈'과 같은 역할을 하는 상위의 생각이 있는 것이다. 이것은 자신을 객관화해서 볼 수 있는 능력으로, 인간만이 갖고 있는 특성이다.

그렇다면 메타인지는 왜 만들어졌을까? 메타인지는 인간의 두뇌

활동의 효율을 높이기 위해 발달한 것으로 알려져 있다. 인간의 두뇌는 작지만 하루에 20~30% 정도의 에너지를 소모한다. 과거 인간이 사족보행을 할 때는 에너지 공급원인 심장과 두뇌의 위치가 수평이었기에 에너지 공급이 원활했지만, 직립보행을 하면서부터 두뇌에서 과도한 에너지를 소비하게 되었다. 생존과 진화에 유리하기 위해서 에너지 소모를 줄여야 했고 이로 인해 메타인지가 생긴 것이다.

메타인지를 통해 인간은 빠른 판단력과 통합력을 얻었다. 가령 사람들에게 "대한민국 수도가 어디인가요?"하고 물으면 바로 서울이라고 답할 것이다. 반면에 "온두라스에서 세 번째로 큰 도시 이름은 무엇인가요?"라고 묻는다면 대부분의 사람들은 바로 모른다고 대답할 것이다. 자신이 알고 모르는 것을 즉각적으로 대답할 수 있는 이유는 바로 이 메타인지가 있기 때문이다. 하지만 AI 같은 인공지능은 모른다는 것을 즉각적으로 대답할 수 없다. 인공지능에게 어떠한 질문을 했을 때, 전체 데이터베이스를 다 훑고 나서야 그 정보가 있다면 대답을 하고, 정보가 없다면 그제서야 모른다는 결론을 도출한다.

대한민국 상위 0.1%의 성적을 받는 전국 석차 500등 이내의 학생들에게 영어 단어를 몇 분간 보여준 뒤에 지금 몇 개의 단어를 외울 수 있느냐고 물어보면 자신이 실제로 외울 수 있는 단어의 개수를 거의 정확하게 대답한다. 반면에 성적이 하위권인 학생들은 외울 수 있다고 예측한 단어 개수와 실제 외울 수 있는 단어 개수 간의 오차 범위가 매우 커진다. 즉, 최상위권 학생들은 하위권의 학생들보다 자신이 무엇을 알고 무엇을 잘 모르는지를 더 정확하게 파악할 수 있는 능력이 뛰어났으며, 이는 학업성취도와 매우 깊은 관련성을 보였다.

그렇다면 누구는 왜 정교한 메타인지를 갖추게 되고, 누구는 왜 정교하지 않은 메타인지를 갖게 되는 것일까? 그 이유는 우리가 '친숙함에서 비롯되는 오류'에 빠져들기 때문이다. 메타인지적 측면에서 '안다'와 '모른다'는 것을 바로 판단 내린 1차 근거는 바로 '친숙함'이다. 서울은 친숙하므로 안다는 판단을 바로 할 수 있었고 온두라스는 잘 모르는 친숙하지 않은 곳이기에 고민할 여지도 없이 바로 모른다고 판단을 내린 것이다. 하지만 반드시 유념해야 할 사실은 친숙함에서 비롯되는 '오류의 가능성'이 언제나 존재한다는 사실이다.

학원을 다니면 공부를 잘하고 있는 것 같은 기분이 드는지를 묻는 질문에 최상위권 학생들은 "아니다"라고 답했지만, 성적이 하위권으로 갈수록 "그렇다"고 대답한 학생들의 비중이 높았다. 이 결과에서 정확히 파악할 수 있는 것은 최상위권 학생들은 학원 다니는 것을 성적이 높아지는 행동이라고 여기지 않았던 반면, 하위권 학생들은 학원을 다니는 행위가 곧 성적이 높아지는 것으로 동일시 하는 오류에 빠져 있다는 사실이다.

1장 ✕ 공부 몰입을 위한 준비 단계

즉, 상위권 학생들은 학원에서 무엇인가를 배우면 그것을 자신의 지식으로 만드는 학습 과정을 거쳐야 성적 향상으로 이어진다는 것을 알고 있었지만, 하위권 학생들은 단지 학원에 가서 수업을 듣는 것이 성적 향상으로 이어질 거라는 착각을 하고 있었던 것이다. 정말 많은 학생들이 이런 '친숙함에서 비롯된 오류'에 빠져서 시간을 보내고 있다. 이것을 해결하지 못하고 공부하는 한, '밑 빠진 독에 물 붓기'를 하는 것과 다름없다.

사실 무엇을 '안다'라고 할 정도의 지식이 형성되려면 그 지식을 남들에게 설명할 수 있는 상태가 되어야 한다. 그러나 대부분은 남에게 설명할 수 있는 상태가 되기 이전인 '그저 대략 아는 것 같은' 느낌이 드는 상태에서 '안다'라고 성급한 판단을 내린다.

주변을 돌아보면 남들에게 설명할 수 있는 정도의 지식 수준을 가진 사람들은 언제나 소수이다. 대부분은 본인이 아는 것 같은 느낌(친숙함에서 비롯되는 오류)이 들면 더 이상 깊게 탐구하려 하지 않는다.

공부를 잘하는 것이 쉬운지 어려운지를 물어보면 대부분은 다 어렵다고 한다. 그러나 사실 동기 부여와 멘탈 관리가 잘 되어 있다면 점수를 올리는 것은 어렵지 않은 일이다.

"점수를 올리기 위해서 어떻게 해야 할까요?"

이 질문에 대한 답을 남들에게 설명할 수 있는 지식을 갖춘 사람이라면 점수를 올리는 것이 쉽다. 그런데 거의 대부분의 사람들은 점수를 올리기 위해서 어떻게 해야 하는지에 관해 남에게 설명할 수 있을 정도의 지식을 갖추고 있지 않다.

성적을 올리고 싶은가? 성적을 올리려면 세 가지만 잘 지키면 된다. 공부 시간을 확보해야 하고, 제대로 된 과목별 학습법으로 공부해야 하며, 집중력을 계속 유지하면 된다(이 부분에 대해서는 뒤에서 자세히 이야기하겠다). 이렇게 알려주면 대부분은 "저도 알아요"라는 식의 대답이 나오기도 한다. 그럼 나는 다시 질문한다.

"공부 시간을 확보하기 위해서 남다르게 해야 할 일들을 말해보세요."

"제대로 된 과목별 학습법에 대해서 자세히 설명해보세요."

"최고의 집중력을 유지하기 위해서 어떻게 해야 하는지 알려줄래요?"

이렇게 물으면 대부분은 제대로 설명하지 못한다. 내면화된 지식 상태가 되어있지 않으면 진정한 발전 자체가 불가능해진다. 이미 알고 있다고 판단한 지식과 정보에 대해서는 더 이상 시간과 노력을 투자하여 공부할 필요가 없다고 판단하기 때문이다. 인간의 두뇌는 효율성을 매우 중요한 기준으로 삼기 때문에 학습에 대한 동기부여가 되지 않는 것이다. 친숙함에서 비롯되는 오류의 가능성은 언제나 존재하는데, 대표적인 것이 선행학습의 오류이다. 선행학습을 하면서 학습 내용에 대해 약간 친숙해진 정도였는데, 그걸 안다고 착각하고 집중해서 공부를 하지 않으니 시험을 보면 문제를 틀린다.

선행학습을 통해 지식이 완전히 습득된 것이 아니라 개인과외, 학원 등을 통해 개념과 내용이 조금 친숙해진 정도였던 것이다. 이런 상태로 시험을 보면 당연히 좋은 점수가 나올 리 없다. 그런데도 '이 문제 다 아는 건데 틀렸다'고 착각한다. 이런 사람들은 자신이 몰라서 틀렸다는 사실을 정확히 파악하고 오답노트를 정리하고 개념을 철저하게 다시 공부하는 사람들에게 점차 뒤처지고 만다.

이렇듯 공부와 메타인지의 상관관계는 상당히 높다. 해당 지식에 관한 메타인지의 수준이 높으면 당신은 지금보다 더 높은 점수를 얻을 수 있으며, 인생에서도 큰 성취를 이룰 수 있다. 그렇다면 메타인지를 제대로 갖추기 위한 방법은 무엇일까?

첫째, 공부했던 내용을 말하거나 적어보라.

자주 설명을 해본 사람들은 남들에게 자신이 학습한 내용을 말하면서 자신이 부족한 부분, 즉 말하지 못했던 부분을 파악할 수 있기 때문에 자신의 공부에도 큰 도움이 된다. 예를 들면 친구가 틀린 문제나 잘 모르는 부분을 물어보면 자세히 설명해서 가르쳐 준다거나, 쉬는 시간에 자신이 직전에 학습한 내용을 혼자 중얼중얼 언어적으로 인출해 보는 것이다. 이는 단순 암기한 내용을 앵무새처럼 내뱉는 것과는 엄연히 다르다. 두뇌에 정보를 입력하고 처리, 기억의 과정을 거쳐 필요에 따라 정보가 적절한 형태로 인출이 되는 일련의 프로세스가 잘 작동되어야 완전한 지식화가 되기 때문이다.

자신이 아는 것을 글로 직접 써보는 것도 메타인지를 향상시키기 위한 좋은 방법이 된다. 지식의 가치는 사실상 말하기(설명하는 것)와 쓰기를 통해서 상대가 그것을 이해하게 될 때 가치가 있다. 그래서 자주 학습한 내용을 말하고 적는 행위를 통해서 타인에게 전달하려고 하면 할수록 메타인지가 정교해지고 더욱 세련된 설명도 가능해진다.

　　공부를 잘하려면 최대한 많이 설명해야 한다고 하니 그룹스터디를 만들어야겠다는 생각을 할 수도 있겠다. 그룹스터디를 하는 것이 좋은 부분도 있지만 사실 그룹스터디는 목표 의식이 명확하고 동기 부여가 된 구성원들로 이루어진 것이 아니면 안 하는 편이 나을 수 있다. 동기 부여가 다들 잘 된 구성원들이라도 그룹스터디에서 최고의 학습효과를 얻을 수 있는 사람은 발표자이다. 수동적으로 그룹스터디에 참여한 사람들은 발표자의 발표를 들으면서 자신이 덩달아서 아는 것처럼 느껴질 수도 있겠지만, 그것은 진짜 지식이 아닐 가능성이 높다.

둘째, 멀티태스킹 하지 마라.

　　메타인지를 정교하게 만들기 위해서 반드시 주의할 점 중에 하나는 멀티태스킹을 하지 말라는 것이다. 공부를 할 때는 오직 공부에만 집중해야 능률이 오르고 성적도 오른다. 요새는 음악을 들으면서 혹은 핸드폰을 만지면서 공부를 병행하는 사람들이 많아졌다. 이렇게 멀티태스킹을 하다 보면 '친숙함에서 비롯되는 오류'에 직면하게 된다. 음악을 듣거나 핸드폰을 보는 행위는 모두 '쉽고 친숙한 행위'이다. 그래서 이러한 행위와 함께 병행하는 공부 자체가 심리적으로 쉽고 친숙하게 느껴지고, 집중력과 능률이 저하되는 줄도 모르고 공부가 잘 된다고 착각을 한다. 정말 고도의 집중력을 요하는 작업을 할 때는 멀티태스킹은 전혀 도움이 되지 않는다.

요즘 멀티태스킹을 부추기는 책도 있고 자신을 멀티태스커(multitasker)라고 소개하면서 뽐내는 사람도 있다. 이런 것에 절대로 현혹되면 안 된다. 인간의 두뇌는 여러 개의 정보를 동시에 처리할 수는 있지만, 최고의 성취를 이루려면 한번에 하나씩 집중해서 처리해야 한다. 멀티태스킹을 하고 싶은 욕구가 이해는 된다. 주어진 시간 내에 너무 많은 양을 공부해야 하는 경우에 모든 일을 해낼 수 있다는 희망을 가지고 두 가지, 세 가지 일을 한꺼번에 하는 것이다. 하지만 여러 가지를 동시에 제대로 처리하기란 불가능하며, 결국 한 가지도 제대로 잘 할 수 없게 된다.

저글링을 생각해보자. 여러 개의 공을 공중에 던지고 받아내는 저글링이 멀티태스킹이라고 생각하는가? 얼핏 보면 그렇게 생각할 수 있겠지만 이것은 작업 전환(task switching)이다. 빠른 속도로 한번에 한 개의 공을 잡았다가 위로 던지고 다시 잡고, 던지고, 잡고, 던지고, 한번에 딱 하나의 공을 던지고 받는 것이다. 남들보다 빠른 업무 효율을 보여주는 사람들은 멀티태스킹을 하는 사람이 아니라 작업 전환 속도가 매우 빠른 사람이라는 것을 알아야 한다. 멀티태스킹이라는 유혹에서 벗어날 수 있기를 바란다. 체육관에 가면 핸드폰을 쥐고 러닝머신 위를 걸으며 자신이 운동을 하고 있다는 착각에 빠진 사람들이 수두룩하다. 하지만 그런 식으로는 오랜 시간 운동을 해도 절대 불룩한 배가 홀쭉해지지 않을 것이다.

셋째, 자신에게 맞는 학습 속도로 공부해야 한다.

남들의 속도에 맞추지 마라. 사실 이것이 쉽지 않은 이유는 경쟁이 심한 사회이기 때문이다. 많은 사람들이 속도에 굉장히 민감하고 모든 것을 빠르게 해내려고 하다 보니 학습할 때도 수박겉핥기식인 경우가 비일비재하다. 그럴수록 스스로 중심을 잡고 자신이 해야 하는 범위를 정확히 규정해놓고 공부하는 습관을 들여야 한다. 또 나와 타인의 학습 속도와 방식이 다르다는 것을 명심하고 자신에게 적합하고 효과적인 속도와 방법대로 꾸준한 학습을 해야 한다.

아는 것은 힘이다. 이 사실을 믿고 제대로 알기 위한 노력을 반드시 하길 바란다. 행복의 크기는 인생의 어느 시점부터 지식을 제대로 믿고 활용했느냐에 달려 있다.

지식이란 우리 인간의 삶에서 결코 분리시킬 수 없으며, 인류의 발전과 함께 각 분야별로 빠르게 지속적으로 발전하고 있다. 따라서 어떤 분야든 확장·증대되는 지식을 내면화한다면, 사람들에게 큰 영향을 끼칠 수 있다. 이 말은 기회의 문이 언제나 열려 있는 것이나 마찬가지라는 뜻이다. 단순히 시험 문제를 맞추기 위해 지식을 공부하는 것이 아니라, 본실석으로 업이 요구하는 지식을 충실히 갖추기 위한 마음으로 제대로 공부하라.

그렇게 지속하다 보면 시험에서 당연히 높은 성적을 받을 수 있을 것이고, 그 지식을 활용하여 진짜 실전에서 멋지게 활용할 수 있게 될 것이다. 당신의 지식을 더욱 가다듬고 모든 방면에서 활용하려고 노력하라. 그렇게 되면 그 지식이 당신의 삶 전체를 눈부시게 바꿔놓을 것이다.

시험에 대한
태도부터 바꿔라

시험 보는 것을 좋다고 말하는 사람들은 거의 없을 것이다. 수험생들에게 시험이란 가장 피하고 싶은 것으로 인식되어 있다. 미래가 불확실한 수험생들은 하루하루 피를 말리는 긴장감 속에 살아가며, 자신이 불행하다고 느낀다. 나도 어릴 적에는 시험이 정말 싫었다. 하지만 시험이 싫다는 생각을 바꾸지 않는다면 절대 좋은 결과는 나올 수 없다.

'시험은 정말 좋은 것이다.'

'시험은 나를 빛나게 하는 것이다.'

'시험은 나를 제대로 알리는 기회다.'

시험을 잘 보고 싶다면 시험에 대한 긍정적인 사고를 먼저 가져야 한다. 시험이 없는 세상이 유토피아가 될 것 같지만 절대로 그렇지 않다. 시험이 없으면 무엇을 기준으로 대학 합격자를 결정하고 기관이나 회사에서 채용할 수 있겠는가? 개개인의 능력이 아닌 그 부모님의 경제력이나 집안 배경으로 결정해야 하는가? 시험이 없어지면 특혜를 받게 되는 것은 기득권층이다. 시험이 반드시 존재해야 기득권이 아닌 대다수의 사람도 동등한 기회를 얻을 수 있다.

시험을 잘 본다고 성공이 보장되는 것은 아니지만, 성공을 하려고 함에 있어 시험을 잘 보는 것은 분명히 큰 도움이 된다. 무엇보다 시험을 통해서 자신의 가치를 증명하려는 적극적인 태도를 가져야 한다. 시험에 대해서 부정적이고 적대적인 자세가 아닌 우호적인 자세를 취하면 쓸데없는 반감이 사라지고 온전히 집중해서 시험을 치를 수 있게 된다.

그리고 시험을 볼 때 소위 '대박'을 꿈꾸는 사람들이 많은데 이는 반드시 경계해야 하는 부분이다. 자, 시험장에 갈 때 대박나는 점수를 기대하고 가면 어떠한 마음 상태가 될까? 평상시 점수보다 더 높은 점수를 얻고 싶은 마음이 강하게 들수록 심장은 더 빠르게 뛰고 떨리며 긴장된다. 왜냐하면 잘 모르는 것도 다 맞추고 싶고 헷갈리는 문제도 잘 찍고 싶은 마음, 비유하자면 내 점수 이상을 '훔쳐와야 하는 마음'이 생기기 때문이다.

이런 잘못된 마음으로는 편안한 마음으로 온전히 시험에 집중하는 것이 매우 어렵다. 반면에 시험은 그동안 공부한 실력 그대로의 점수를 가져오는 것뿐이라고 생각하면서 시험에 임한다면 과연 떨릴까? 떨리지 않는다. 내 점수를 내가 그대로 갖고 오는 것에 있어서 긴장하고 떨 이유가 없기 때문이다. 오로지 내가 풀 수 있는 문제에만 집중하면서 그동안 준비한 대로 차분히 풀어나가면 된다.

시험을 볼 때 심적 부담이 드는 이유는 바로 여기에 있다. 자기 점수 이상의 것을 얻기를 바라는 부적절한 마음이 작동하고 있기 때문이다. 누구나 공부를 적게 하고 좋은 시험 결과가 나오기를 꿈꾼다. 물론 현실은 그럴 리 없다. 요행을 바라는 것이 습관이 되다 보면 공부를 미루고 반복적으로 벼락치기를 하게 된다. 이런 태도는 비단 시험뿐만이 아니라, 삶의 모든 영역에서 마이너스가 된다.

특히 대박이라는 말을 자주 쓰는 사람들은 남들이 노력으로 얻은 결과도 대박이라는 표현으로 격하하기 일쑤다. 머릿속에서 '대박'이라는 헛된 단어를 지워버려라. 그러면 시험에서 좋은 결과를 얻은 사람들의 진정한 노력이 제대로 보이기 시작할 것이고, 여러분 또한 배움과 노력의 가치를 깨닫고 시험에서도 원하는 결과를 얻을 수 있게 될 것이다.

고득점을 목표로 한다면
세 가지를 머릿속에 새겨라

　공부하는 사람들은 세 부류로 나눌 수 있다. 성적을 높이고 싶어서 최적의 상태로 공부하는 사람들, 성적을 높이고는 싶은데 노력과 방법이 잘못된 사람들, 그리고 성적 높이는 것에 관심이 없는 사람들이다. 당신이 시험 합격 혹은 고득점을 받아야 하는 수험생인 이상, 성적을 높이는 것이 최우선 목표여야 하고 이 목표를 달성하기 위해서는 아래 세 가지가 머릿속에서 항상 자리 잡고 있어야 한다.

　첫째, 공부 시간 확보이다.
　자기주도학습은 말 그대로 주도적으로 공부 목표를 설정하고, 계획을 수립하고, 스스로의 노력과 능력으로 공부를 실행하며 그 결과에 대한 평가를 스스로 행하는 것을 말한다. 따라서 스스로의 능력으로 공부할 시간을 확보해야 하는 것은 당연하다. 공부 시간을 확보하기 위해서는 불필요하게 낭비되는 시간을 줄이는 생활습관이 필요하다. 깨어 있는 시간을 최대한 효율적으로 활용하라. 수험 기간 동안에는 TV 시청이나 스마트폰을 들여다보는 시간을 최소화하는 것이 좋다.

주의해야 할 점은 수업이나 강의를 듣는 시간은 공부 시간에 포함되지 않는다는 것이다. 수업이나 강의는 내 공부를 위해 필요한 수단에 불과하며 결코 내 지식으로 연결되지 않는다. 수업을 들은 후에는 획득한 정보를 온전히 내 지식으로 만드는 작업이 반드시 필요하다. 온전히 내 것으로 소화하기 위해서는 공부 시간 확보가 절대적으로 필요하다는 것을 명심하자.

둘째, 제대로 된 학습법이다.

시험에서 좋은 결과를 얻고자 한다면 해당 시험 또는 과목의 최신 출제 경향을 분석하고 문제 유형별로 효율적인 방법으로 영리하게 공부하는 것도 매우 중요하다. 최신 출제 경향과 유형별 학습법을 제대로 분석하면 시험에서 어떤 문제가 나와도 정답을 골라 낼 수 있다. 아무리 공부해도 성적이 오르지 않는 사람이 있다면 그것은 제대로 된 학습법이 아닐 확률이 높다. 그냥 마구잡이로 공부해봐야 힘만 들고 기대에 못 미치는 결과에 기운만 빠진다.

출제 경향을 파악하기 위한 방법은 그동안 출제되었던 기출 문제를 여러 번 풀어보는 것이다. 그러면 어떤 문제가 시험에 나올지 감을 잡을 수 있다. 그렇게 반복해서 공부하다 보면 자신이 취약한 부분을 찾아서 보완할 수 있게 되고 자신에게 맞는 올바른 학습법도 찾게 되면서 좋은 결과를 얻게 될 것이다.

셋째, 고도의 집중력이다.

성적을 올리기 위한 두 가지 요소, 즉 공부 시간 확보와 제대로 된 학습법을 갖췄다고 할지라도 집중력이 약하면 결과적으로 큰 의미가 없다. 같은 공간에서 같은 책으로 같은 강의를 듣고 똑같은 시간만큼 공부를 했음에도, 누구는 합격의 영광을 누리고 누구는 불합격의 고배를 마신다.

공부 방법과 공부 시간을 이미 확보했다면 정말 필요한 것은 집중력 강화다. 공부하기 좋은 환경에서 공부하는 시간을 확보해도 집중력이 부족하여 입시에 실패하는 경우가 많다. 집중력은 하루 이틀 노력으로 만들어지지 않는다. 명확한 목표를 마음 깊이 내면화시켜야 한다. 공부를 왜 해야 하는지 스스로를 설득하지 못한 상태라면 진정한 집중력은 발휘될 수 없다. 실제 다수의 학생들이 자신을 설득하지 못한 채 공부한다.

집중력에 대한 강박을 먼저 만들어라. 진짜 강박증을 만들라는 이야기는 아니다. 뾰족한 샤프를 보면 샤프에 찔릴까 봐 두렵다고 하거나 책상 줄이 제대로 맞춰져 있지 않으면 공부가 안된다는 등 여러 가지의 강박 증상을 호소하는 사람들을 수없이 보았다. 사실 그런 사람들은 자신의 정신 에너지를 집중해야 할 것에 집중하지 못함으로써 가치 없는 특정 대상에 에너지를 빼앗긴 것이다.

매 시간마다 집중력에 대한 마음가짐을 더욱 강화시키는 노력을 하지 않는다면, 집중력을 오래 유지하기는 어렵다. 언제나 공부 페이스를 일정하게 유지해야 정신력이 강해지는 것이다. 세계 최고의 발레리나 강수진 씨 또한 자신의 몸 상태가 안 좋을 때 오히려 연습 시간을 더 늘려서 독하게 연습했다고 한다. 상황이나 컨디션이 어떠하든 자신의 목표를 달성하기 위하여 어떤 핑계도 용납하지 않고 자신과의 싸움에서 승리한 것이다. 이것이 아마추어와 프로의 차이다. 고도의 집중력을 높이기 위한 기본 원리와 구체적인 방법에 대해서는 이 책에서 차근차근 풀어서 설명하도록 하겠다.

자신의 무의식에
명확한 목표를 만들어라

공부하고 있는 당신에게 가장 중요하고 시급한 목표는 바로 '성적이 오르는 것', 혹은 '더 열심히 공부하는 것'이다. 중요한 점은 '성적이 떨어지지 않는 것'이 아니라 '성적이 오르는 것'에 온전히 집중해야 한다는 것이다. 이런 자세나 습관은 하루아침에 생기지 않는다. 매번 다짐하고 또 다짐하면서 실천하고 그 와중에 예전의 습관이 나오면 반성하고 다시 원하는 것에 몰입하는 과정을 수없이 거쳐야 한다.

수험 기간 중에 불면증이 생겼다고 가정해 보자. 불면증은 과도한 스트레스로 인해 자율신경계가 제대로 기능하지 못해 생긴다. 이때 자신의 목표가 분명했다면 시간이 흐르면서 그 증상들은 자연스럽게 없어진다. 며칠 밤을 목표에 매진하면, 계속해서 잠이 오지 않을까? 당연히 그렇지 않다. 우리 몸과 마음은 간절히 수면을 원하고 자연스럽게 정상으로 돌아올 것이다. 목표가 분명한 사람에게 잠이 오지 않는다는 것은 전혀 문제가 되지 않는다.

목표 설정이 얼마나 중요한 것인지를 알려주는 예를 들어보겠다. 1953년 미국 예일 대학에서 졸업생들을 대상으로 인생의 목표에 관한 설문 조사를 했다. '명확한 목표와 그 목표 달성을 위한 계획표를 작성해 본 적이 있는가?'라는 질문에 학생 중 3%만이 그렇다고 답했다. 87%는 목표 설정을 아예 하지 않았고 10%는 목표를 세우려는 노력을 약간 해보았으며, 3%만 행동 계획과 목표 설정 기준을 종이에 쓰면서 생각해 봤다고 답한 것이다.

20년이 지난 후, 당시 졸업생들을 대상으로 다시 조사했더니 직업이나 재정 상태 등 모든 면에서 목표를 설정했던 3%의 학생들이 다른 97%의 학생들을 다 합친 것보다 더 큰 성취와 발전을 이루어 냈다는 결과를 확인하였다. 대학 시절에 자신의 목표와 꿈을 적었다는 사실만으로 삶 전체가 달라진 것이다. 분명한 목표를 세우고 세부 계획을 수립하는 사람은 자신의 삶에서 집중해야 할 우선순위를 분명하게 정할 수 있는 지혜로움을 얻게 된다. 일의 우선순위를 정한다는 것은 '급하게 보이는 일 같지만 사실은 중요하지 않은 일'보다는 '급하게 보이지 않지만 사실은 중요한 일'을 먼저 하는 것이다. 이렇게 목표 설정을 분명하게 정립하고 살아가는 사람들은 자신의 목표를 이룰 뿐만 아니라 이 세상을 변화시킬 수 있는 영향력을 행사하며 살아가고 있다.

목표가 무엇인지 확실하게 정하고 그 목표를 위해 지속적으로 집중하는 것이 절대 쉬운 일은 아니다. 일대일로 심리 상담을 하다 보면 수많은 문제를 안고 사는 수험생들을 만나게 된다. 저마다 자신의 문제를 크게 느끼며 인생이 힘들다고 호소한다. 이들이 공부를 어렵게 느끼는 이유는 무엇일까? 바로 공부가 자신에게 무슨 의미인지, 또 어떠한 가치를 지닌 일인지 스스로 인지하지 못해서 무의식에 명확한 목표가 새겨지지 않았기 때문이다.

무의식에 명확한 목표가 존재하는 사람들을 제외한 대부분은 단지 의식적인 수준에서 공부를 잘했으면 하는 희망사항을 갖고 있을 뿐, 무의식에서는 성적이 오르는 것보다는 그 외 다른 요소에 집중을 뺏기고 있는 것에 불과하다. 성적 상승이라는 목표를 무의식에 제대로 새길 수 있는 기초 지식이 없는 상태에서 효율성이 떨어지는 노력을 하고 있기 때문에 점수가 오르지 않는 것이다.

세상 모든 분야에서 실제로 원하는 것을 쟁취하고 성취를 이룬 사람들은 보통 사람들과 다르게 무의식의 영역에서부터 원하는 것을 얻을 것이란 확신을 갖고 임하는 사람들이다. 확신은 자신이 갖추고 있는 무의식적 프레임에서 나오는 것이다. 올바른 프레임이나 신념이 없는 사람들은 목표에 대한 확신을 갖기가 어렵다.

이런 부분을 좀 더 쉽게 이해하기 위해 베서니 해밀턴이라는 소녀의 실제 이야기를 모티브로 만든 영화 「소울 서퍼」를 소개하겠다.

해밀턴은 하와이주 카우아이섬에서 태어나서 8살 때 처음 서핑 대회에 출전했으며, 13살에 출전한 NSSA(미국서핑협회) 국내챔피언십에서 2등을 했다. 이렇게 전도유망했던 해밀턴의 서핑 인생은 파란만장한 인생의 굴곡을 맞이한다. 친구와 서핑을 하다가 뱀상어의 공격으로 그녀의 왼팔을 잃게 된 것이다. 해밀턴은 한쪽 팔을 잃었지만 서핑에 대한 의지는 꺾이지 않았다. 그녀는 상어에게 공격당하고 꼭 1년이 지난 2004년 NSSA 국내챔피언십으로 복귀했고, ESPY 어워드에서 최고 복귀 선수 부문을 수상했다. 그녀는 한쪽 팔이 없는 서핑 선수라는 시선을 견디는 것 자체만으로도 쉽지 않았지만, 자신의 이야기를 통해 타인을 돕겠다는 새로운 목표와 사명을 가슴에 새겼다.

'만약 상어의 공격을 받은 그날로 다시 되돌아가서 서핑을 안갈 수 있다면 그렇게 하겠느냐'는 기자들의 질문에 해밀턴은 이렇게 대답했다.

"내가 일어난 일을 바꾸진 않겠어요. 왜냐하면 팔이 두 개일 때보다 더 많은 사람을 끌어안게 됐으니까요."

이 영화를 보면서 그런 끔찍한 사고를 겪고도 다시 바다에 들어갈 수 있는 주인공의 용기가 존경스러웠고 남들보다 훨씬 불리한 상황에서도 더 많은 노력으로 자신의 한계를 극복해낸 모습에 큰 감동이 밀려왔다. 영화 마지막 부분에 해밀턴이 하는 대사가 있다.

"나는 서핑하기 위해서 태어났다.
이것이 내가 매일 새벽녘에 일찍 일어나서 훈련하는 이유다.
이것이 암초에 베이고 녹초가 되어도, 참고 이겨내는 이유다."

인생도 서핑과 같다. 파도가 부서지는 곳에 빠질지라도 바로 다시 올라와야 한다. 파도 너머에 무엇이 있을지 아직 알 수 없기 때문이다. 한쪽 팔이 없는 것은 문제가 되지 않는다. 가장 큰 문제는 목표가 없는 삶이다. 오히려 그 우여곡절과 역경을 견뎌내고 이겨내면서 목표를 향해 나아간다면, 더 많은 사람들에게 좋은 영향력을 끼치면서 가슴 벅찬 행복을 느끼게 될 것이다. 목표에 대한 믿음과 자신감만 있으면 그것이 무엇이든 가능하다.

수험생이라면 '언제까지 어떤 시험에서 합격할 것이다'라는 목표를 설정했을 것이다. 하지만 목표를 이행하는 과정에서 예측하지 못한 다양한 상황에 놓이게 된다. 아무리 전략을 철저하게 잘 짜놓았어도 반드시 발생하는 게 '우여곡절'이다. 하지만 내적으로든 외적으로든 한두 가지 우여곡절이 없는 사람은 아무도 없다.

이 지점에서 사람들의 반응이 갈린다. 대부분은 우여곡절이 생기면 어쩔 수 없이 '올해는 공부할 상황이 아니구나. 내년에 하자'

이런 식으로 목표를 수정해 버린다. 이런 사람들은 시험에 합격할 확률이 낮아질 수밖에 없다. 하지만 누군가는 어떤 우여곡절 속에서도 절대로 설정했던 목적지와 도착시간을 바꾸지 않는다. 전자는 우여곡절 앞에서 더 이상 전략을 세우지 않고 타협하며 점차 포기를 선택할 때, 후자는 혹독한 상황 속에서도 포기하지 않고 새로운 전략을 세우고 실행해 나간다.

그렇다면 우여곡절 속에서도 결국 끝까지 이루어내는 사람들은 도대체 무엇이 다를까? 한 번 정한 목표를 끝까지 지켜내는 사람들은 결국 자신의 목표를 실현할 수 있는 기발한 방법을 찾거나 목표를 이루게 할 자신의 숨겨진 능력을 발휘해 목표치에 먼저 도달한 사람들의 힘을 적극적으로 얻어내는 전략을 펼친다. 목표를 한 번 세웠다면 목표치를 절대 건드리지 마라. 바꾸어야 하는 것은 자신의 전략이다. 어떠한 상황에서도 목표만을 생각하고 실행하면서 시험에 합격하는 노하우를 스스로 깨우치게 되는 것이다.

결국, 우리가 열심히 공부하는 이유도 해밀턴처럼 자신에 대한 만족감과 성취감뿐만 아니라 타인에게 초집중 상태를 만들어내면서 세상에 좋은 영향력을 주고 싶기 때문이다. 이 과정에서 본질적인 목표를 무의식에 새긴다면, 어떤 고난 속에서도 흔들림 없이 성취를 이루게 된다.

분명한 접근 동기를
갖추어라

　어떤 결심을 할 때, 동기 부여가 제대로 되어 있는 사람은 그 결심을 이루기가 매우 쉽다. 사람들마다 타고난 개인의 능력 차는 그다지 크지 않다. 아무리 대단한 인간이라도 체력이 몇 배로 강할 수 없고, 지능이 몇 배로 뛰어날 수도 없다. 다만 동기 부여가 제대로 되어 있는 사람들은 자신이 갖고 있는 에너지를 더욱 효과적으로 원하는 것에만 집중시키면서 더 수월하게 목표를 달성해내는 것뿐이다. 스스로 동기 부여를 잘하고 집중력을 오래 유지할 수 있는 능력이 있는 사람들은 시험을 보거나 성과를 내거나 타인과의 경쟁에서 당연히 더 좋은 결과를 얻어낼 수 있다.

　그렇다면 우리 인간의 행동을 지속하게 하는 동기에는 어떤 것이 있을까? 인간에게는 크게 두 가지 동기가 있다. 하나는 접근 동기이며, 또 하나는 회피 동기다. 먼저 접근 동기는 말 그대로 좋은 것을 추구하고 싶은 욕구를 가진 동기이다. 내가 하고 싶고, 먹고 싶고, 만나고 싶고, 이루고 싶은 것을 위해서 생겨나는 욕구를 말한다. 가령, '저분처럼 위대한 삶을 살고 싶어', '시험에 합격해서 훌륭한 전문가가 되고 싶어'라는 생각이 '그렇게 되기 위해 열심히 공부해야지'라는 생각으로 연결될 때 나오는 동기가 접근 동기인 것이다.

반면에 회피 동기는 내가 싫어하는 것을 피하고 겪고 싶지 않은 마음에서 생겨나는 욕구를 가진 동기이다. 예를 들어, 공부하는 것을 좋아하지 않는 학생에게 어머니가 '이번 시험에서 성적이 안 오르면 핸드폰 압수할 거야'라고 했을 때, 학생이 핸드폰을 뺏기기 싫어서 공부를 한다면 그것은 회피 동기가 작동한 것이다.

그렇다면 접근 동기와 회피 동기 중 어떤 것이 더 강력한 힘이 있을까? 그 힘은 상황에 따라 달라지게 된다. 예를 들어 "이 문제에 정답을 맞추지 못하면 당신을 죽여버릴 것이다" 하고 총을 겨누면 무조건 그 상황에서 벗어나고 싶은 회피 동기가 순간적으로 엄청나게 강해진다. 혹은 "당장 방 청소를 하지 않으면 용돈을 주지 않겠다"라고 한다면 당장 방 청소를 함으로써 용돈을 받지 못하는 상황으로부터 벗어나려고 할 것이다. 이처럼 회피 동기는 단기적이거나 극단적인 측면에서는 즉각적으로 효과를 발휘하는 경향이 있다.

그러나 두 가지 동기는 시간이 갈수록 힘의 크기가 달라지기 시작한다. 시간이 길어질수록 회피 동기는 점점 약해지고, 무기력감이나 자포자기의 상태를 만들며 점차 동기의 역할을 잃어버리게 된다. 반면에 접근 동기는 시간의 흐름 속에서도 꾸준히 유지되며 오랜 시간에 걸쳐 노력과 실행을 필요로 하는 목표들을 달성하는 데 적합한 동기이다. 바야흐로 100세 시대이다. 100년이라는 긴 시간을 잘 살아가려면 시간의 흐름 속에서도 강력한 힘이 계속 유지되는 접근 동기가 반드시 필요한 것이다.

수험생활은 보통 몇 달에서 몇 년의 시간까지도 필요한 경우가 많기 때문에 확실한 접근 동기가 형성되어 있는 사람들만이 끝까지 강한 동기를 유지할 수 있다. 분명한 접근 동기가 부재된 상태로 회피 동기만으로 공부하는 것은 오래 지속될 수 없는 것이 당연하다.

부모님의 강요에 하루하루 수험 기간을 버티고 있는 학생들도 처음에는 '이왕 이렇게 된 거 열심히 해보자'라는 마음으로 스스로 동기 부여가 된 것처럼 착각을 한다. 하지만 보통 그런 마음가짐의 지속력은 기껏해야 몇 개월뿐인 경우가 많다.

수험생활뿐만 아니라 인생 전체에서 성공적으로 살아가려면 분명한 접근 동기를 갖추고 계속 그것에 집중하는 정신 구조를 만들어내야 한다. 분명한 접근 동기가 없는 사람들은 외부 요인들에 의해 쉽게 집중이 흐트러지고 귀중한 시간을 빼앗길 수밖에 없다. 또한 동기가 쉽게 힘을 잃고 자포자기의 상태가 되면서 자존감에도 상처를 입는다.

접근 동기는 인생이 무엇인지, 인간은 어떤 존재인지, 자신은 누구이며, 무엇을 원하는지를 제대로 알고 깨달은 사람만이 갖출 수 있다. 고시 합격, 명문대 입학 등 시험을 통해 얻은 성과가 사람들의 무의식적 경계를 허물고 비판의식을 낮추는 데 일정 부분 도움이 된다는 것을 먼저 인지해야 한다. 단지 시험을 통해 얻은 결과물이 인생의 목표가 될 수는 없지만, 자신의 삶을 더 만족스럽고 주도적으로 이끌어나가는 데 매우 도움이 된다는 것을 알아야 한다. 공부를 하는 모든 수험생들이 본질적인 동기의 특성을 이해하고 적절하게 활용하여 자신만의 강력한 접근 동기를 갖게 될 수 있기를 바란다.

공부는 '초집중'을 만들기 위한
첫 단계이다

"사람들은 왜 공부를 해서 명문대에 가려고 할까요?"

나는 해마다 강의를 듣는 수천 명의 사람들에게 이렇게 묻는다. 그러면 대부분은 "명문대에 가서 남들보다 성공하려고요", "돈 많이 벌려고요" 등 거의 같은 답변을 한다. 얼핏 생각하면 맞는 것 같지만 완전히 옳은 대답은 아니다. 아니 어찌 보면 그 반대일 수도 있다.

서울대를 졸업한 사람들이 모두 돈을 많이 벌고 무조건 성공하는 것은 아니지 않은가. 좋은 대학을 졸업해도 취업을 제대로 하지 못하거나, 취업해도 빡빡한 경제적 사정 때문에 자신의 삶에 대한 만족감이나 행복감을 크게 느끼지 못하고 사는 사람들이 상당히 많다. 오히려 공부를 못해서 혹은 형편이 좋지 않아서 대학에는 가지 못했지만, 자신의 분야에서 성공해 큰 소득을 얻고 보람을 느끼는 사람도 많다.

공부는 독하게 마음먹지 않으면 좋은 결과를 달성하기가 매우 힘들다. 왜 공부해야 하는지에 대한 이유를 찾고 자신을 완전히 설득시켜야 한다. 막연하게 '좋은 대학에 가면 더 나은 삶을 살겠지' 하는 구태의연한 자세로 수험생활에 임한다면, 귀한 시간과 돈만 낭비해 결국 '잃어버린 시간'으로 남을 것이다.

명문대에 가면 좋은 점이 과연 무엇인가? 이해하기 쉽게 말하자면, 남들이 나를 바라보는 인식이 우호적으로 바뀐다는 것이다. 대학 입시에서 만족할 만한 결과를 얻은 사람은 앞으로 어떤 분야에서든 남들을 몰입시키는 것이 더 수월해진다. 즉, 명문대에 입학했다는 사실은 타인이 나에 대해 가질 수 있는 무의식적 비판의식과 거부감을 낮추고, 학업 과정을 성실히 수행하였다는 객관적인 증거가 됨으로써, 입시 외의 다른 분야에서도 뛰어난 성취를 보일 것이라는 기대감과 긍정적인 인식을 심어주는 것이다. 이는 일종의 후광 효과를 발휘하여, 인생의 다양한 장면에서 타인의 초집중을 이끌어내는 데 매우 유리해진다. 바로 이것이 취업시장에서 명문대 졸업생이 우대받는 이유이기도 하다. 많은 사람이 명문대를 나온 사람은 그렇지 못한 사람들보다 여러 방면에서 더 뛰어날 것이라고 믿고 있다. 실제로는 그렇지 않을 수 있는데도 사람들은 무의식적으로 이런 생각을 한다.

명문대에 가지 않고도 다른 방면에서 초집중 상태를 잘 만들면 되지 않겠느냐고 물어볼 수 있는데 당연히 가능하다. 가령 대학 진학을 포기해도 운동을 정말 잘하거나 혹은 뛰어난 예술작품으로 사람들을 감탄시키는 재주가 있다면 자신이 원하는 행복한 인생을 살 수 있다. 하지만 이런 사람들은 어릴 적부터 부모님의 관심과 지지 속에서 자연스럽게 특정 분야에 관심을 두고 집중적으로 훈련할 수 있었거나, 부모님과 동일한 직업 분야에 흥미를 갖고 지속적인 환경적 영향을 받았거나, 좋은 멘토나 훌륭한 스승을 만나 일찍부터 특정 능력 계발에 도움을 받았거나 또는 경제적인 이유나 다른 여러 가지 여건상 어쩔 수 없이 학업을 중단하고 일찍부터 생업 전선에 뛰어드는 등 특수한 케이스가 많다. 그래서 지극히 평범한 환경 속에서 경쟁적으로 공부만 해온 사람들에게는 입시 이외에 다른 분야에서 곧바로 초집중 상태를 만드는 것이 쉽지 않은 것이다.

명문대에 합격하는 것은 '초집중 상태'를
쉽게 만들기 위한 첫 단계이다.

명문대에 합격한다면 당신이 지금까지 살아오면서 최초로 사람들을 집중시킬 수 있는 무엇인가를 이룬 순간이 될 것이다. 실제로 명문대 학생이 되면 많은 기회를 얻게 된다. 명문대에는 유명 인사들이 자주 와서 특강을 한다. 명사들의 특강을 접하면서 그들의 마인드와 철학을 배우고 간접 경험을 통해 생각의 스케일도 키우고, 그들과 직접 친분을 맺기도 쉬워진다.

성공하려면 성공한 사람들을 자주 접하면서 특별함을 배우고 분위기를 익혀야 하는데 명문대 학생들은 이런 기회를 훨씬 자주 가질 수 있는 환경에 놓인 것이다. 자연스럽게 성공에 대한 의지도 강해지고 구체적으로 실행할 수 있는 방법과 과정에 대한 정보를 얻기도 매우 용이하다. 또한 '팔은 안으로 굽는다'라는 옛말처럼 사회에 먼저 진출한 동문 선배들의 도움이나 조언을 받기도 훨씬 수월해진다.

반면에 명문대에 가지 못한 학생들은 같은 학비를 내도 학교에 유명인사 한 번 오기가 쉽지 않다. 세상은 하위권 대학의 학생들에게는 큰 기대를 하지 않는다. 그렇기 때문에 스스로 동기 부여를 강력하게 하지 못한다면, 일반적으로 명문대 학생들보다 환경적으로 불리한 처지에 놓이게 되는 것이다. 선배들 중에서도 크게 성공한 사람의 수가 더 적고 성공에 대한 강력한 열의를 가진 친구들도 많지 않기에 발전적인 자극도 적을 수밖에 없다. 결국, 대학에 입학하면 그 학교 학생들의 수준에 따라서 좋은 영향과 나쁜 영향을 직접적으로 받게 된다.

공부를 잘해야 돈을 잘 벌 수 있고 성공한다는 공식은 1980년대 이전까지의 저소득 시대에나 통했던 이야기이다. 세상은 이전과 다르게 많이 변화했고 앞으로도 크게 변화해 갈 것이다. 돈을 버는 방법도 행복을 느끼는 방법도 매우 다양해졌다. 아직도 많은 사람이 성공하는 유일한 길은 공부를 잘해서 좋은 대학에 가는 것이라고 믿고 있지만, 단순히 시험을 합격해서 대학에 입학하는 것으로 끝나는 것이 아니라, 그 이후의 삶 속에서도 심리적, 환경적 측면에서 꽤 중요한 역할을 한다는 것을 인지해야 한다.

명문대에 입학하면 사람들에게 초집중 상태를 쉽게 만들 수 있다. 초집중을 만들 수 있다는 것은 엄청난 영향력을 행사할 수 있다는 것이다. 우리가 느끼는 행복의 크기가 사실상 영향력의 크기와 비례관계에 있다는 사실을 명심해야 한다. 불편한 진실이지만 인정할 것은 인정해야 그 순간부터 발전이 시작된다. 그리고 가능한 빨리 시험이 성공과 행복에 가까워지는 데 매우 유용한 도구가 된다는 사실을 인정하고 적극적으로 활용하면 이것은 더 이상 불편한 진실이 아니라 행복의 기틀이 된다. 지금부터는 기존과는 완전히 다른 방식으로 공부에 몰입하고, 가능하다면 최고로 인정받을 수 있는 명문대에 들어가는 것을 목표로 삼아보자. 세상 모든 일에는 단계가 있다. 일단 공부로 초집중을 증명하여 명문대에 입학한 후에 순차적으로 실천해야 할 사항을 하나하나 실천하면 된다.

멘탈 리허설로
최고의 실력을 이끌어내라

입시뿐만 아니라 임용고시, 공무원 시험, 회계사 등의 전문직 시험 등을 앞두고 심리 상담을 받으러 찾아오는 사람들이 많다. 참고로 시험을 보기 바로 직전에 이렇게 상담을 받는 것은 시험에서 더 좋은 결과를 만들어내는 데 크게 도움이 된다. 최면 감수성[1]이 높다면 시험장에서 편안한 마음으로 떨지 않고 최상의 컨디션으로 시험을 볼 수 있도록 즉각적인 도움을 줄 수 있다.

시험 날짜에 더 가까워질수록 마음은 점점 초조해질 수밖에 없지만, 멘탈이 강한 사람들은 시험에서 좋은 결과를 얻는다. 시험 직

---

1   한 개인이 최면적 암시에 얼마나 민감하게 잘 반응하는지의 정도이다.

전까지 자신의 계획대로 흔들림 없이 열심히 공부하는 것은 중요한 일이다. 하지만 시험 직전에는 모든 것을 내려놓고 겸허한 마음을 갖는 것도 매우 중요하고 필요하다.

가령 농구를 하는 상황을 떠올려보자. 득점을 하려고 골대를 향해 공을 던질 때 우리가 컨트롤 할 수 있는 영역은 어디까지인가? 공이 나의 손에서 떨어지는 그 순간까지만 최선을 다해 모든 집중과 능력을 쏟아 부으면 된다. 그것으로 인간이 할 수 있는 것은 다한 것이다. 이처럼 공이 내 손에서 떨어지는 그 순간까지만 내가 주도적으로 통제할 수 있는 영역이고 그 뒤에 공이 들어 가느냐, 들어 가지 않느냐는 신의 영역이라 생각하라는 것이다.

이것은 농구 황제 마이클 조던이라 할지라도 마찬가지다. 그러니 인간이 할 수 있는 모든 영역에서 정말로 빈틈없이 최선의 노력을 쏟고 전 과정의 모든 것을 집중하되, 시험 당일 출제될 문제와 결과물은 겸허히 받아들이는 자세가 필요하다. 전쟁터에 나갈 때도 바로 직전에 준비 운동을 한다면서 힘을 다 소진해 버린다면 승리할 수 있겠는가? 전쟁터에 나가기 전에 잠도 푹 자고 힘을 비축해야 그동안 갈고 닦은 실력을 유감없이 발휘할 수 있고 전쟁에서도 이긴다. 잠을 잘 때도 매순간 최선을 다해 노력하고 준비한 사람은 반드시 하늘도 돕는다는 마음으로 편안하게 숙면을 취하고, 모든 일이 잘 될 것이라는 자신감을 갖고 시험에만 집중한다면, 시험 당일은 공포의 날이 아닌 축제의 날이 된다.

자, 지금부터 자세를 편하게 하고 눕거나 앉아서 힘을 풀고 심호흡을 여러 번 하라. 그리고 눈을 감고 얼굴, 팔다리, 몸통 순서로 최대한 깊은 이완 상태를 만들어보자. 호흡과 몸 전체를 아주 편안하고 안정된 상태로 유지하는 것이다. 이완이 잘 되었다면, 시험 당일 날 상쾌한 기분으로 일어나 시험장에 도착하여 편안한 마음으로 입실하고 배정된 자리에 앉아 차분하고 의연한 자세로 시험이 시작되기를 기다리는 자신의 모습을 떠올려 보자.

마치 익숙한 장소인 것처럼 시험장 내부가 매우 편안하고 안정감이 느껴진다. 지금 나는 표정도 밝고 컨디션도 최고다. 머리도 맑고 최고의 집중력을 발휘할 준비가 되었다. 평온하고 침착하며 당당한 자세로 시험지를 받아든 자신을 바라본다. 시험이 끝날 때까지 최고의 집중력과 좋은 에너지가 유지될 것이라는 강한 확신이 든다. 다시 한번 깊은 심호흡을 하며 시험 문제에만 초집중한다. 시험 문제를 빠르게 읽으면서 공부했던 내용들이 모두 떠오른다. 문제를 읽으면 공부했던 내용들이 생생하게 떠오르며 집중이 잘 된다. 집중해서 문제를 풀어나가는 것이 아주 쉽고 편안하게 느껴진다. 문제 하나하나에만 초집중해서 마지막까지 흔들림없이 문제를 풀어나간다. 그렇게 최고의 집중력을 계속 발휘하면서 시험을 모두 다 잘 마쳤다. 얼굴에 미소가 가득하고 아직도 기분 좋은 에너지가 넘친다. 가벼운 발걸음으로 시험장을 나오는 자신의 모습을 바라본다. 나는 오늘 나 자신이 정말 자랑스럽다. 정말 최고의 순간이었다.

자, 지금까지 일종의 심상 훈련, 이미지 트레이닝을 가볍게 해보았다. 쉽게 설명하자면, 편안하게 이완된 상태에서 시험 당일날 최상의 컨디션으로 시험을 잘 치르는 자신의 모습을 미리 경험해보는 것이다. 자신도 모르게 미래 시점에 대한 불안하고 공포스러운 장면을 떠올리고 부정적인 감정이 증폭되다 보면, 시험 당일날에도 부정적인 영향을 받을 수밖에 없다. 반면 편안하게 이완된 상태에서는 무의식이 상대적으로 활성화되면서 이미지 트레이닝을 하기에 적합한 상태가 되기 때문에 마치 리허설을 하듯이 반복해서 시험 당일의 모습이나 감정을 긍정적으로 떠올려보고 훈련하는 과정을 통해 무의식을 건강하고 긍정적으로 변화시킬 수 있다.

자기최면 요법에 의해 스스로 최면 상태에서 멘탈 리허설이 가능해지면 자신의 잠재력을 제대로 발휘할 수 있다. 무의식의 언어가 되는 상상력으로 자신이 원하는 바를 미리 이룬 것을 볼 수 있는 자만이 초집중의 힘을 끌어낼 수 있게 되는 것이다. 꾸준한 멘탈 리허설 훈련은 시험이나 면접 같은 중요한 순간에 자신이 잘 할 수 있으리라는 확신감을 갖는 데 도움을 주고, 자신도 모르게 부정적인 감정에 동요되지 않도록 무의식을 보호하는 역할을 한다.

매일 밤 잠 들기 전에 편안한 자세로 누워서 멘탈 리허설을 실행해 보기를 추천한다. 실제로 열심히 공부하면서 시험에 관련된 물리적인 준비를 잘 하는 것도 매우 중요하지만, 마인드컨트롤을 비롯한 심리적 준비를 하는 것도 이와 못지 않게 중요하다. 수많은 수험생들이 동일한 시간과 노력을 들여 열심히 공부했음에도 불구하고 시험 날 동일한 결과를 받지 못하는 이유 중 하나는 분명 멘탈과 깊은 관련이 있다. 멘탈 리허설을 잘 활용하여 시험 당일 날 최고의 힘을 이끌어내서 좋은 결과를 얻기를 바란다.

"뒤돌아보면서 시간을 낭비하지 마라.

너는 어차피 그 길로 가지 않을 것이다."

과거를 끄집어내 에너지를 뺏기지 말고,

목표를 향해 직진하라.

고도의 몰입으로 집중력을 만들어내면

그곳에 환희와 희열이 있다.

2장

멘탈 강화를 위한
기초 단계

: 스트레스와 건강
집중 관리

학습된 무기력증에서
빠져나와라

시험에 합격하는 것을 상상조차 해보지 않은 사람들이 체념하듯이 하는 말이 있다.

"저 사람은 원래 머리가 좋아서 합격할 수 있었던 거야."

"어차피 안될 거 그냥 대충 공부하자."

이런 말들은 시험 공부를 하면서 의미 있는 초집중 상태를 만들지 못하는 사람들이 주로 사용하는 부정적 자기암시이다. 지금까지 만난 학생들 중에서도 자신을 믿지 못하고 위축되어서 항상 실패와 좌절을 걱정하고 괴로워하는 사람이 많았다. 이들을 만나면, 왜 자신 스스로와 주변을 통제하지 못하고 무기력감에 빠졌었는지를 심리적 메커니즘과 진리를 통해 깨닫게 한다. 수업을 충실히 이해한 학생들은 자신이 몰랐던 놀라운 진리에 감탄하며 완전히 새로운 모습으로 변화하기 시작한다. 원리와 방법을 알고 자신에게 그대로 대입하여 실행하면서 스스로에 대한 확신이 생기기 시작하는 것이다.

벼룩은 본래 자신의 키의 100배 높이까지 뛰어오를 수 있는 놀라운 점프력의 소유자다. 이 벼룩을 투명 유리병에 넣고 투명 덮개를 덮어 3일 동안 관찰했다. 투명 유리병에 갇힌 벼룩은 뛰어오르다가 천장에 계속 부딪히고 충돌한다(그때 오는 충돌은 벼룩에게 큰 충격을 주었을 것이다). 3일이 지나 투명 덮개를 제거해도 벼룩은 투명 덮개보다 낮은 높이로만 점프를 했다. 자신을 가두던 경계가 더 이상 존재하지 않지만 짧은 시간 동안 학습된 좌절로 인해 자신의 한계를 설정해버린 것이다. 자신이 태어날 때부터 부여받았던 그 놀라운 본질과 힘을 잊어버린 채 말이다.

이처럼 피할 수 없거나 극복할 수 없는 환경에 반복적으로 노출된 경험으로 인해, 실제로는 자신의 능력으로 피할 수 있거나 극복할 수 있는 상황에서도 자포자기하는 마음 상태를 '학습된 무기력증'이라고 한다. 가정을 꾸려나갈 열정을 잃어버린 노숙자나 아무런 의지나 의욕 없이 백수 생활을 하는 사람들이 학습된 무기력증에 빠져 있는 경우라 하겠다.

사람은 어릴 적에 부모의 영향을 절대적으로 받는다. 어린 자녀에게 부모의 존재는 자신의 생명과 직결될 만큼 중요한데, 부모는 본인도 모르게 자녀에게 수많은 무의식적 상처를 남긴다. 독일의 심리치료사가 만 3세부터 6세까지 자녀를 대상으로 실험했는데, 이 기간 동안 부모로부터 "너는 안 돼", "너는 할 수 없어"와 같은 부정적 암시를 하루 평균 33번 받는다는 사실을 알게 되었다. 인간만이 유일하게 부정적 암시를 통해서 자녀들을 저주하고 있는 셈이다. 자녀를 가장 사랑하는 부모가 안타깝게도 자녀의 정신을 위축시키고 약화시킨 장본인이 되는 경우가 많다. 하지만 부모가 악의를 갖고 자녀들에게 부정적 암시를 남긴 것이 아니다. 부모들도 그 부모에게서 받은 부정적 암시를 무의식에서 제거하는 방법을 모르고 살았기에 무의식적으로 같은 부정적 암시를 후대에게 전달하는 것이다.

어릴 적부터 부모에게 강한 부정적 암시를 받은 아이들은 자존감이 무너지고 눈도 잘 마주치지 못하고 대인관계에 공포를 느낀다. 우울증과 무기력감을 호소하다가 자살까지 시도하는 결과를 초래하기도 한다. 매사에 자신감이 결여되고 위축된 상태로 임하다 보니 모든 일의 성취와 능률이 남들보다 크게 떨어지게 되고, 줄곧 실패의 경험만을 축적하다 보면 결국 학습된 무기력증의 상태에 이른다.

실패를 두려워하지 마라. 실패가 없으면 성공도 없다. 우리가 많이 들었던 명언 중에 '실패는 성공의 어머니'가 있다. 이 명언 역시 제대로 의미를 해석하지 못하면 틀린 말이 된다. 앞서 말한 것처럼 학습된 무기력의 원인 중 하나가 지속적인 실패 경험이다. 이는 자신의 생활과 모든 결과가 통제 불가능하다고 믿을 때 초래되는 심리적 상태이다. 무기력증을 가진 사람에게 '실패는 성공의 어머니'라는 명언은 아무런 도움이 되지 않는다. 발명의 왕 에디슨은 전구를 개발하고 이런 말을 했다고 한다.

"나는 수많은 실패 후에 성공한 것이 아닙니다. 수많은 과정을 거쳐 성공에 이른 것입니다."

성공의 어머니는 '실패'가 아닌 '성공'임을 말한 것이다. 실패보다는 성공에 초점을 맞추기 위해서 목표 설정과 그에 대한 성공 경험을 지속적으로 생각해야 한다. 자신이 도전할 만하고 성취할 만한 목표를 명확하게 설정하고, 이에 대하여 지속적인 성공 경험을 쌓는 것이다.

'도전할 만한 목표'란 자신의 능력을 약간 상위하는 목표 수준을 의미하며, 실현 불가능한 목표를 세운다면 오히려 행동을 강화하는 데 역효과를 불러오기 때문에 좋은 목표가 아니다. 목표는 현재의 수준보다 조금 더 높게, 구체적으로 설정되어야 한다. 목표 설정이 가장 중요한 이유는 추가적인 강화의 기회를 제공하기 때문이다. 목표를 달성한 개인이 계속적인 강화를 받으면서 목표 달성 행동이 증가하면, 한 사람에게 지속적인 성공 경험이 형성되고 그것이 쌓여 최종 목표에 도달하게 된다.

이러한 방법을 학습된 무기력증이 있는 사람에게 적용해 볼 수 있다. 처음에는 아주 쉬운 목표부터 시작하여 목표 달성 후 조금씩

고난도의 과제를 달성해 나가는 것을 점차 훈련한다면, 학습된 무기력증도 점차 극복할 수 있다.

오늘부터는 무기력증에서 한발 물러나 보라. 진짜 '못하는 것'이 아니라, 공부를 못한다고 '암시' 당했던 것뿐이다. 학습된 무기력증에 빠진 누군가로부터 받은 부정 암시가 당신의 무의식을 지배하도록 방치해서는 안 된다.

인생에는 누구나 초집중 상태가 있다. 삶을 치열하게 열심히 살아온 사람들은 저마다의 초집중 상태를 느끼면서 살아간다. 시험 공부를 하는 것도 초집중 상태임을 깨닫고, 공부를 할 때마다 완전히 몰입한 초집중 상태를 유지하려는 마음가짐을 가져야만 한다. 그렇게 하나하나 깨달은 순간부터 인생은 바람에 휘날리는 수동적인 상태가 아닌 아주 의미 있는 방향으로 흘러가며 최적의 초집중 상태를 유지하려는 노력이 가능하게 된다. 이 책을 통해 초집중이라는 의미를 충분히 이해하고 그것을 자신에게 적용시킨다면, 성적을 올리거나 성취를 이룰 뿐만 아니라 삶 전체에서 꼭 필요한 자신만의 온전한 지식으로 최상의 결과를 끌어낼 수 있을 것이다.

두려움을 극복하려면
온전히 한 곳에 집중하라

인간이라면 누구나 무의식 깊은 곳에 두려움을 가지고 있다. 수험생이라면 시험 점수가 오르지 않을까 봐 혹은 원하는 대학에 가지 못할까 봐 등의 두려움이 있을 것이고, 취업 준비생이라면 취업을 하지 못하거나 좋은 직장을 얻지 못할까 봐 두려움을 느낀다. 그러나 우리가 살면서 두려움을 전혀 느끼지 못한다면, 오히려 더 큰 일이 생길 수도 있다. 독사나 호랑이가 무섭지 않으면 혹은 뜨거운 주전자가 두렵지 않으면, 더 처참한 결과가 있을 것 아닌가. 문제는 이러한 본능적 두려움이 아니라, 자신이 스스로 만들어낸 공상적 두려움 때문에 일상 생활에 부정적인 영향을 받는다는 것이다.

우리의 무의식은 두려움을 느끼는 대상 앞에서 능력을 제대로 발휘하지 못한다. 시험을 앞둔 수험생이 시험에 대하여 두려움을 느끼고 심리적으로 위축되어 있다면 그것은 빠르게 해결해야 할 일이다. 지금부터 두려움에 대한 확실한 개념을 정립하고 두려움을 통제하는 방법에 대해서 설명하겠다. 지금 설명하는 두려움에 대한 실체를 명확하게 이해한다면, 평생 두려움을 극복할 수 있는 힘을 얻게 될 것이다.

일단, 두려움이란 무엇일까? 머릿속에 두려움인 'fear'를 그려보자. f는 'fantasied(공상화된)', e는 'experience(경험)', a는 'appearing(~처럼 보여지는, 여겨지는)', r은 'real(현실)'이다. 즉, 두려움이란 현실처럼 보이는 공상화된 경험이다. 그렇다면 두려움을 만드는 것은 누구인가? 바로 자신이다. 두려움을 만들어낸 주체가 바로 당신인 것이다.

그렇다면 두려움은 왜 형성되는가? 예를 들어, 밤 12시에 차를 타고 서울에서 부산으로 간다고 생각해 보자. 그런데 국가에 대규모 정전 사태가 벌어졌다. 도로는 완전히 깜깜하다. 부산까지 무사히 도착할 수 있겠는가? 이 상황에서 갈 수 있는 사람과 갈 수 없는 사람은 마음 상태가 전혀 다른 것이다.

나는 완전한 어둠 속에서도 충분히 갈 수 있다. 왜냐하면 차에는 헤드라이트가 있기 때문이다. 헤드라이트를 켰다면 50미터 정도의 가시거리가 확보될 것이다. 난 50미터 가시거리 안에만 집중할 것이고 또한 그 50미터 가시거리가 계속 유지될 것을 확신한다. 라이트 불빛에만 완전히 집중하면서 눈앞에 보이는 장애물들을 잘 피하고 길을 따라 끝까지 집중 상태를 유지한다면 결국 부산에 도착할 수 있게 된다. 계속 이런 마음가짐으로 초집중하면 그 사이에 무의식적으로 느낄 수 있는 두려움은 최소화된다. 그런데 대다수의 사람은 이 50미터 가시거리에 집중하지 못하고, 헤드라이트 불빛이 닿지 않는 깜깜한 어둠 속을 바라보며 두려움에 휩싸인다. 어떤 상황에서든 분명히 집중할 것이 있기 마련인데 제대로 살피지도 않고 무턱대고 집중할 수 없다고 말한다. 눈앞에 확보된 50미터 가시거리는 놓쳐버리고 500미터 혹은 5킬로미터 앞을 보려고 헛된 노력을 하는 것이다. 그들은 50미터 가시거리 이상은 누구도 볼 수 없다는 사실을 모르고 있다.

인간이 그 어둠을 바라보며 할 수 있는 생각과 상상이란 결코 긍정적일 수가 없다. '저 앞에 길이 끊겨 있을 거야', '저 앞에는 낭떠러지겠지?', '저 길에서 갑자기 산짐승들이 나와서 나를 공격하면 어떻게 하지?', '괴물이 나를 납치해가면 어떻게 하지?' 등의 끝없는 상상의 나래를 펼치면서 무의식을 자극하고 스스로 두려움을 만들어내는 것이다.

왜 이런 망상을 하면서 두려움을 스스로 만들어내는 것인가? 그것은 집중할 것에 집중하지 못하기 때문이다. 무엇에 집중해야 하는가? 당연히 '원하는 것'과 '할 수 있는 것'이다. 이 두 가지에만 집중해서 목표 의식을 갖고 노력하다 보면 두려움을 느낄 이유가 없다.

결국 두려움이란 '집중할 것에 집중하지 못한 자가 쓸데없이 만들어낸 감정 따위'인 것이다.

두려움에 대한 정의가 머릿속에 완벽하게 자리잡게 되면 당신은 두려움으로부터 완전히 벗어날 수 있게 될 것이다. 두려움의 개념은 이해가 되지만, 두려움이 한 번 엄습하면 패닉 상태가 되어서 아무것도 생각이 나지 않고 그저 고통스러울 때도 있을 것이다. 그럴 땐 이 이야기를 생각해보라.

당신은 아우슈비츠 수용소에 대해 한 번쯤 들어봤을 것이다. 수백만 명이 죽어나간 그 죽음의 수용소에서 실제로 수감되었던 빅터 프랭클(Viktor Emile Fankl, 1905~1984)이라는 사람이 있다. 피난시켜 놓은 누이동생 하나를 제외하고는 아내, 부모님, 형제들이 이 죽음의 수용소에서 죽음을 맞이했다. 정신과 의사였던 그는 인간의 존엄성이라고는 없는, 지옥 같은 수용소에서 생존했고 자신의 경험을 바탕으로 삶의 의미를 깨우쳐주는 로고테라피를 창시해 많은 사람들을 도왔다. 자전적 체험을 다룬 그의 책『죽음의 수용소에서』에서 그는 이렇게 말했다.

"인간에게서 돈, 명예, 권력 등 모든 것을 빼앗을 수 있지만, 어떤 상황에 놓일지라도 내가 어떤 마음가짐을 갖출 것인가에 대한 최후의 선택권(자유)만큼은 지구상의 어떤 힘으로도 나로부터 빼앗아갈 수 없었다."

'죽음의 수용소'.

그 지옥과 같은 환경 속에서도 집중할 것이 있다는 빅터 프랭클의 말과 정신에서 우리는 큰 감동을 느낀다. 어떠한 상황에서도 집중할 것은 반드시 존재한다는 사실을 확신할 수 있다. 우리의 일생에서 빅터 프랭클이 처했던 그 상황보다 더 비참하고 비극적인 순간은 아마 오지 않을 것이다. 이 당연한 사실을 완전히 받아들여야 한다. 가령 코로나19로 인해 많은 사람이 두려움을 느꼈지만, 혼란스럽고 불확실한 시대에서도 집중해야 할 것은 분명히 존재한다. 매순간 집중할 것에만 집중하며 살아간다면 두려움은 최소화되는 것이 당연하다.

살아갈 이유를 분명히 알고 그것에 집중할 수 있는 자는 결코 죽지 않는다. 이것은 명확한 진리이고, 당신이 이런 진리를 아우슈비츠 수용소에서 끔찍한 경험 끝에 깨닫지 않아서 정말 다행이 아닌가. 빅터 프랭클은 다른 수용자들과 다르게 이 진리에 집중했기 때문에 공포와 무기력감을 최소화할 수 있었고 자신이 삶의 주인임을 잊지 않은 채 끝까지 생존할 수 있었다. '호랑이에게 물려가도 정신만 차리면 산다'라는 속담이 있지 않은가. 그러나 보통 사람들은 빅터 프랭클처럼 집중할 것에 집중하지 않았기 때문에 무의식적으로 끊임없이 두려움을 만들고 더 고통스러울 수밖에 없었다.

스스로에게 자문해보라. 시험을 준비하고 공부하는 현재 자신의 상황이 정말로 고통스러울 만큼 힘든가? 그렇지 않을 것이다. 그렇다면 수험생인 당신에게 집중할 수 있는 것이 있는가? 당연히 있다. 시험 문제를 푸는 것, 성적을 올리는 것 오로지 이것에 집중해야 한다. 당장 이번 달까지 얼마나 점수를 올릴지 목표를 세우고 당장 눈앞에 놓여 있는 공부에만 집중해라. 그러면 두려움을 느낄 여유가 없다.

> "용기란 두려운 일을 하는 것이다.
> 그러므로 네가 두렵지 않다면 용기도 없는 것이다."
> Courage is doing what you're afraid to do.
> there can be no courage unless you're scared.

이 문장의 의미를 온전히 이해할 수 있어야 한다. 두려운 것을 계속 직면하면 두려움에 대한 체계적 둔감화가 이루어진다. 시합을 앞둔 운동 선수들이 쓰는 방법이기도 하다. 세계 정상급 선수들은 내면의 두려움을 뛰어넘은 사람들이다. 그들은 오히려 두려움을 즐기는 경지에 오른다. 즐기는 것은 그냥 이루어지는 것이 아니다. 올바른 지식을 갖추는 것뿐 아니라 수없이 많은 훈련을 해내야 한다. 중요한 시험을 앞둔 당신도 마찬가지다. 공부에 대한 두려움을 받아들이고 즐겨라.

당신이 목표 달성을 위해 매일 해야 하는 공부를 실천해 나간다면, 그 자체가 집중을 가속화하는 결과를 만들어내 자연히 두려움에서 멀어질 수 있다. 여러분이 원치 않는 두려움을 밀어내려고 할수록 두려움은 더욱 증폭되고 모든 정신 에너지가 두려움의 대상으로 빨려들어간다. 정말 두려움과 불안에서 벗어나고 싶다면, 더욱 더 자신이 원하는 일, 집중해야 하는 일에만 최선을 다해 몰입하라. 이것이 두려움을 극복하는 가장 현명한 방법이다.

몸과 마음이
연결되어 있음을 활용하라

미국 하버드 대학의 엘렌 랭거 교수가 호텔의 청소부 84명의 건강 상태를 조사해 보았는데 대부분이 혈압이 높고 복부비만을 가진 과체중이었다. 이상한 것은 그들은 하루 평균 호텔 방 15개를 청소하며 바쁘게 몸을 움직이고 운동량이 꽤 많은데도 불구하고 비만이 많다는 사실이었다. 랭거 교수는 84명 중에 절반을 비밀리에 불러내서 청소 활동이 얼마나 많은 칼로리를 소모하는 운동인지 설명해 주었다.

"여러분의 하루 운동량은 건강을 유지하기에 충분한 양입니다. 잘 생각해 보세요. 15분 동안 시트를 가는 것으로 40칼로리가 소모되고, 진공청소기로 15분 청소하는 것으로 50칼로리를 소모시킬 수 있어요. 또 욕조를 15분 동안 닦는 것으로 60칼로리가 소진됩니다. 즉, 하루에 15개의 방을 치우면 2시간 반 동안 운동을 한 것과 같은 겁니다."

한 달 후, 이렇게 설명을 들은 청소부들의 건강 상태를 체크했더니 신기하게도 허리둘레가 감소하고 혈압도 떨어졌다. 이들은 따로 운동을 한 것은 아니었지만, 청소가 운동의 효과가 있다는 믿음을 가지고 임한 것만으로도 건강 상태에 변화가 일어난 것이다. 반면, 설명을 듣지 못한 청소부들은 실험 전과 변화가 없었다. 이 결과를 랭거 교수는 이렇게 설명했다.

"청소하면서 몸을 움직일 때마다 칼로리가 소모된다고 생각하니 실제로 지방이 연소된 것입니다. 그런 생각 없이 하는 청소활동은 그냥 피로 독소만 쌓이는 거구요."

이 연구는 '몸과 마음이 연결되어 있다'는 것이 증명된 사례다. 이 진리는 삶의 모든 분야에 적용시켜 볼 수 있다. 일이나 운동은 물론 공부를 할 때도 이 공부가 나에게 얼마나 유익한 것인지를 인식하면 학습 능률이 상승하지만, 도대체 왜 공부해야 하는지를 모르는 학생들은 피로감만 쌓이고 지치게 된다. 모든 것이 마음먹기 달린 것이고 그것에 따라 몸이 반응하게 된다는 것이다.

미국 시카고 대학에서도 유사한 실험을 시행했는데, 사람들을 세 그룹으로 나누어 농구장에서 자유투를 던지도록 했다. A그룹은 30일 동안 아무것도 하지 않았고, B그룹은 매일 자유투를 연습하게 했다. 그리고 C그룹은 실제 자유투 연습 없이 머리 속으로만 자유투 연습을 떠올리게 했다. 그럼 30일 후 세 그룹의 성적은 어떠했을까? 당연히 A그룹은 변화가 없었고, B그룹은 자유투 성공률이 24% 높아졌다. 놀라운 것은 이미지 트레이닝만 했던 C그룹의 성공률도 23% 높아졌다는 것이다.

이미지를 떠올리며 상상으로만 연습한 것이 실제와 유사한 효과를 발휘한다는 사실이 놀랍지 않은가? 우리의 몸과 마음은 연결되어 있고, 우리의 두뇌는 실제와 상상을 비슷하게 인지한다는 것을 증명해 주는 실험이다.

심리안정프로그램(성공심리학 프로그램)을 계발하여 학원계에 도입하고 강의를 처음 시작했던 당시, 낮에는 대학원에 다니고 밤에는 기숙학원에서 강의를 하며 공부와 일을 병행했다. 일반대학원이라 풀타임으로 전공 과목을 모두 수강해야 했었기에 과제도 많았다. 또한 연세 대학교 상담센터에서 2학기 동안 상담 실습도 해야 했다. 하루 수면 시간이 3시간 남짓이었다. 아침마다 눈꺼풀이 내려앉고 피로감이 몰려왔지만 일어나면서 "아, 날아갈 거 같아", "정말 많이 잤다" 하고 크게 소리쳤다. 그렇게 외치면서 내 두뇌를 속였다. 그러면 두뇌가 정말 잠을 푹 잔 것 같은 효과를 느끼는 듯했다. 이것도 일종의 자기암시이다.

자기암시를 잘하는 사람은 건강한 신체를 유지하는 데 훨씬 유리하다. 그 이유는 수면 전후에 무의식이 활성화되는 편안한 릴랙스 상태에서는 몸이 이완되고 뇌에서 알파파나 세타파 같은 저뇌파가 나오기 때문이다. 그러면 몸의 자율신경계가 안정되고 몸과 마음이 평온해진다. 이 같은 상태로 20~30분 정도 지속한 후에 깨어나면, 2~3시간의 숙면 효과와 마찬가지의 피로회복 정도를 보인다는 연구결과도 있다. 그래서 자기 최면적 암시를 잘하는 사람은 충분한 숙면의 효과와 자율신경계의 안정을 통해 그렇지 못한 사람들보다 훨씬 건강할 수밖에 없고 더 활기찬 삶을 살 수 있다. 일반적으로 사람은 잠이 들 때 자연스럽게 몸이 이완되면서 최면과 비슷한 상태를 거치면서 깊은 숙면에 빠져든다.

물론 깨어나서 몽롱한 느낌이 남아있을 때도 최면과 비슷한 상태라고 말할 수 있다. 매일 반복적으로 경험하는 최면과 비슷한 상태에서 무의식의 언어인 상상력으로 자신이 최고의 성취를 이루는 모습들을 떠올리면 그것이 무의식 깊숙하게 자리 잡게 되는데, 이 과정에서 자기암시의 효과가 극대화된다.

시간을 갖고 자기암시를 꾸준히 연습하다 보면, 점차 자연스럽게 이완 상태를 만들어낼 수 있게 되고 상상력을 동원하는 것이 수월해진다. 그러면 자신의 건강에 관련해서도 크게 도움을 받을 수 있다. 가령 위나 장이 좋지 않은 사람들은 위나 장에 좋은 에너지가 공급되고 있는 상상을 해도 좋고, 머리가 자주 아픈 사람이라면 두 뇌를 정화하는 상상(물속에 뇌를 넣어서 깨끗이 하거나 산의 정기가 들어 오는 등의 상상)을 하면 두통이 완화된다.

이렇게 몸과 마음이 연결되어 있는 것을 활용하고 자기암시를 생활화하다 보면 심리적으로나 육체적으로 훨씬 더 건강한 삶을 영위할 수 있다. 또한 이완이 자연스럽게 되면 긴장감이나 불안감도 줄어들고 잠을 잘 때도 빠르게 깊은 잠에 빠질 수 있게 된다. 건강도 공부도 숙면도 모두 자기암시 안에서 이루어진다는 것을 기억해야 한다.

전쟁 영화들을 보면 전투를 앞두고 칼을 휘두르면서 대장이 먼저 크게 기합을 지르는 장면을 볼 수 있다. 그러면 전원이 크게 함성을 지르면서 전의를 다진다. 운동선수들만 기합을 지르는 것이 아니다. 공부하는 수험생들에게도 반드시 필요하다. 아침에 깨어날 때 자기암시로 재빨리 정신을 차리고 새로운 기분으로 공부해야 한다. 졸음이 올 때도 정신을 빨리 차리려면 역시 기합이 필요한 것이다.

자기암시에 기합을 넣어서 외쳐라. 멍한 정신을 자기암시로 집중시키고 공부하기 전에 열의부터 불태워야 한다. 모든 의지와 행동은 내가 그렇게 믿는 순간부터 힘을 발휘한다. 몸과 마음은 연결되어 있다는 진리를 믿고, 먼저 우리의 무의식에 하루를 멋지게 보내는 승리자의 이미지를 자연스럽게 떠올릴 수 있다면 그 효과는 배가 될 것이다.

자신의 마음이 만든
병임을 인지하라

어떤 병이나 증세가 정신적, 심리적 원인으로 생기는 특성을 '심인성'이라고 한다. 즉, 심인성 질환이란 마음으로부터 발생한 근본 원인이 신체화 증상으로 나타나는 것을 의미한다. 대표적으로 신경성 소화불량, 두통, 가위눌림, 머리카락 뽑기, 시험공포증, 불면증과 같은 다양한 증상들이 있다. 고강도의 스트레스 환경에서 매우 흔하게 일어나는 이 질환은 수험생활에 부정적인 영향을 미치기 때문에, 심리 수업과 초집중 이완 요법을 통한 즉각적인 치유가 절실하다.

심인성 질환은 수험생들만의 문제는 아니다. 대부분의 사람들이 한번쯤은 경험할 만큼 흔하게 발생하는 질환이다. 치열한 경쟁 사회에서 스트레스 환경에 자주 노출되고, 오랫동안 스트레스가 누적되면서 심인성 질환을 호소하는 사람들이 크게 늘어난 것이다. 심인성 질환을 극복하고 치유하려면 자신을 고통스럽게 하는 이 증상이 결국은 '자신의 마음이 만들어낸 것'이라는 사실을 먼저 이해하고 인정할 수 있어야 한다. 즉, 내가 내 마음을 통제하지 못하여 발생한 부정적인 영향이 정신적 또는 신체적 기능 장애로 나타난 것이다.

인간은 스트레스 상황에 놓이면 긴장하게 된다. 시험을 앞두고 계속 긴장된다고 어려움을 호소하는 사람들이 많다. 하지만 필요할 때 적절한 이완을 하지 못한다면 제대로 된 수험생활은 거의 불가능한 것이나 마찬가지다. 긴장을 유발하는 찰나의 상황이 지나가면 이후에는 긴장을 풀고 자연스럽게 이완되어야 하는데, 평소에도 심리적으로 과도한 긴장 상태가 유지되는 사람들이 있다. 긴장과 이완이 적절하게 이루어지지 못하면 우리 몸은 여러 가지 증상으로 신호를 보낸다. 지금 몸이 어딘가 이상하다고 인지하도록 하는 것이지만, 관련 지식이 없는 사람은 이 신호를 인지할 수 없고 그것이 누적되면서 문제가 생긴다.

심인성 질환의 치료를 위해서는 자율신경계(autonomic nervous system)에 대해서 알아야 한다. 자율신경계는 동물의 신경계 중 말초신경계의 한 부분으로 대뇌의 직접적인 영향을 받지 않고, 우리 몸의 기능을 자율적으로 조절하는 작용을 한다. 잠을 자고 숨을 쉬고 심장이 뛰고 땀이 나는 등 우리의 의지와 상관없이 신체가 자율적으로 작동할 수 있도록 조절해주는 컨트롤 타워(control tower)와 같은 역할을 맡고 있다.

이 자율신경은 교감신경과 부교감신경으로 나눠져 있는데, 서로 길항적(한쪽이 촉진되면 다른 한쪽은 억제)으로 작용한다. 평소에는 교감신경과 부교감신경이 균형을 이루고 있지만 스트레스를 많이 받거나, 긴장 상황에 오랫동안 노출되거나, 부정적인 감정 상태를 오랫동안 유지하면, 교감신경은 흥분 상태가 되고 부교감신경의 기능이 약해지면서 자율신경계의 균형이 무너지게 된다. 이 상태를 '자율신경 실조증'이라고 하며, 신체의 균형이 무너지면서 속이 답답하거나 심장의 두근거림, 어지러움, 두통, 소화불량, 만성피로 등의 여러 가지 증상을 호소하게 된다.

자율신경 실조증은 극심한 스트레스 상황에 노출되는 것 이외에도 다양한 원인으로 인해 발생할 수 있다. 감정의 기복이 지나치게 심한 경우, 환경호르몬 또는 소음, 미세먼지 등으로 생활환경이 나빠진 경우, 수면제나 스테로이드, 다이어트약 같은 호르몬성 약물을 장기 복용한 경우, 낮과 밤이 바뀐 불규칙한 생활을 하는 경우에도 발생할 수 있다.

물리적인 원인의 경우, 환경을 건강하게 바꾸어주면 증상이 호전될 수 있다. 균형 잡힌 식습관, 규칙적인 운동과 충분한 수면 등 일정한 생활 리듬을 잘 지켜주어야 한다. 수험생들은 충분한 수면시간을 확보하기가 어렵겠지만 규칙적인 생활을 하도록 노력하여야 자율신경계의 이상이 생기지 않는다.

만약 건강한 환경으로 생활 패턴을 바꾸었음에도 불구하고 증상이 나아지지 않는다면 그 원인을 무의식, 정신 영역에서 찾아야 할 것이다. 특정 이유로 인해 무의식적 불안이나 긴장 상태가 지속되거나, 부정적인 감정이 통제되지 않고 신체화 증상으로 발현되는 것이다. 예를 들어, 기숙사의 단체 생활에서 어려움을 느끼는 사람들 중에서는 부모와의 관계가 극도로 나빠서 자아가 매우 취약한 상태이거나, 단체생활에 대한 좋지 않은 트라우마 등이 현재의 상황에도 영향을 주어 두통, 복통, 호흡곤란, 불면증, 이명증상 등 심인성 증상이 더 가속화되는 경우도 있다.

심인성 질환을 호소하는 사람들은 보통 사람들보다 걱정이 굉장히 많은 편이다. 그래서 과도한 걱정을 덜어내는 것만으로도 스트레스를 줄일 수 있고 심리적인 불안 상태를 완화하는 데 도움이 된다. 과도한 걱정을 덜어낼 수 있는 방법을 두 가지만 소개하겠다.

첫째, 나쁜 상황에 직면했거나 혹은 최악의 상황을 떠올려볼 때, 그 자체를 피하거나 압도될 것이 아니라, 상황을 해결하고 풀어낼 수 있는 지식을 습득하는 행동에 집중한다. 다시 말해, 걱정과 불안을 일으키는 원인과 관련된 책을 읽거나 영상을 보거나 전문가를 찾아가거나 지인에게 도움을 요청하는 등 적극적인 문제 해결을 하라는 것이다. 인간은 무지한 상태일 때 불안과 두려움을 느낀다. 하지만 해결책을 찾기 위한 적극적인 행동을 통해 '집중해야 할 대상'을 찾고 작은 매듭부터 풀어나간다면, '걱정거리'는 곧 '해야 할 일'

이 되고 결국 '해결한 일'로 바뀌게 되는 것이다.

둘째, 자신의 걱정거리를 머리 속으로만 떠올리지 말고 종이에 다 적어본다. 명확하게 시각화하고 언어로 표현하는 것은 두뇌의 생각을 정리하는 데 아주 좋은 방법이다. 생각이 정리되면 막연했던 부정적 감정 상태도 진정이 되고, 이런 과정을 통해 걱정거리의 실체를 직면함으로써 앞으로 일어날 수 있는 최악의 상황에 대비할 수 있다. 그리고 최악의 상황이 그저 단순한 노파심이 아니라 현실적으로 실현될 가능성이 높다면, 어쩔 수 없이 직면하게 될 그 최악의 상황까지도 대처할 준비를 하는 것이 필요하다. 그리고 어떤 상황이 와도 그것을 받아들일 수 있다고 생각해야만 걱정과 고민에 사로잡힌 잠재의식을 진정시킬 수 있다.

물론 어떤 시험이든 반드시 합격할 것이라는 확신을 갖고 임해야 하지만, 최악의 경우 떨어지더라도 열심히 공부한 지식으로 강의를 해서라도 살아갈 수 있다고 생각하는 편이 '시험에 떨어지면 내 인생은 끝나는 것이다'라는 무조건적인 절박함이 만들어낸 긴장 상태로 공부하는 것보다 훨씬 도움이 된다.

시험을 보는 마지막 순간까지 계속 상황을 개선하기 위해 노력하라. 어떤 상황에서든 우리가 더 상황을 개선시킬 수 있는 길은 존재한다. 그런 방법에 계속 집중하면서 유연한 수험생활을 하면 되는 것이다.

공부 능률을 올리려면
호흡부터 제대로 해라

무의식을 통제할 수 없는 상태로 공부하는 수험생들은 의지(의식)와 상관없이 공부할 때 심인성 질환(불면증, 가위눌림, 소화불량, 시험공포증 등)이 나타나는 경우가 많다. 이러한 경우에 어떻게 하면 근본적인 치유가 가능할까?

마음을 안정시키지 않으면 당연히 공부를 제대로 할 수 없다. 마음이 편안하지 않은 상태에서는 집중하기도 어렵고 실력을 발휘하기도 힘들다. 일반적으로 긴장감이나 불안감을 자주 호소하는 수험생들은 기본적인 호흡법도 제대로 되어 있지 않은 경우가 많다. 숨쉬는 방법을 모른다고 생각하는 수험생들은 아마 없겠지만, 실제로는 숨 쉬는 방법을 제대로 모르는 경우가 많다.

목숨이 무엇인가? 숨을 쉬며 살아 있는 힘을 의미한다. 사람이나 동물은 숨을 쉼으로써 생명을 유지할 수 있고, 호흡기관을 통해 공기를 들이마심으로써 끊임없이 몸속에 산소를 공급해 주어야만 모든 기관이 제 기능을 할 수 있다. 그래서 죽음을 나타내는 말로 '숨지다' 혹은 '숨을 거두다'라는 표현을 쓰기도 한다. 목숨이라는 말도 같은 이치에서 생겨난 말이다. 즉, 목을 통해서 숨을 쉬느냐 그렇지 않으냐 하는 기준에 의해서 삶과 죽음이 갈라진다고 보는 것이다.

사람은 정해진 호흡을 다하면 죽는다는 말을 들은 적이 있다. 그래서 호흡을 길게 하려는 노력이 필요하다고 했는데, 나도 그 말에 동의한다. 호흡을 길고 깊게 하려고 의식적으로 노력을 하는 것은 흥분된 감정을 가라앉히거나 과호흡 상태에서 정상 호흡을 회복하게 하거나 다양한 상황에서 심리적인 안정을 돕는다. 실제로 호흡과 심적 안정은 깊은 연관성이 있기 때문에 심신의 이완을 돕고, 잠을 잘 때도 더 빠르고 깊게 숙면을 취하는 데 큰 도움이 된다.

호흡은 감정을 통제하는 것에도 밀접한 영향을 준다. 시험이나 면접 혹은 협상을 하기 직전에 반드시 심호흡(완전 호흡)을 여러 번 해야 하는 이유도 이완을 돕고 마음을 안정시켜서 능력을 제대로 발휘하기 위함이다. 쓸데없는 곳에 힘을 주고 과하게 긴장한 상태에서는 자신의 진짜 실력을 발휘할 수 없게 된다.

공부 능률을 올리기 위해서는 여러 가지 훈련들이 필요한데 이 챕터에서는 호흡의 기초와 방법에 대해서 간단히 소개하겠다. 특히 머리가 무거운 느낌이 들거나 능률이 오르지 않을 때 하면 집중력을 높일 수 있다. 지난 20년간 수험생들을 대상으로 심리학적 이론과 정신 요법을 연구 개발하고, 최적화된 프로그램을 설계하여 집중력을 향상시켜 왔다. 눈으로만 읽고 이해하지 말고, 직접 실행해 보라. 꾸준히 실천하면 두뇌가 점점 좋아지는 것을 느낄 수 있을 것이다.

첫째, 숨은 입이 아닌 코로 쉬어야 한다.

개인의 차이는 있을 수는 있지만 입은 코보다 흡입할 수 있는 공기량이 20% 정도 적기 때문에, 유입된 산소 대부분은 폐로 흡수되고 온몸에 공급되는 산소의 양은 적어진다. 그러면 당연히 두뇌로 가는 산소의 양도 부족해지고 머리가 무겁고 답답한 느낌이 드는 것이다. 또한 입으로 숨을 쉬면 구강 내 수분이 부족해지고 점막이 건조해지기 때문에 면역 기능도 저하되고 감기나 질병 등에 더 취약해진다. 수험생들은 반드시 코로 숨을 쉬어야 한다. 만약 구조적으로 이 부분에 문제가 있다면 우선 병원에서 치료받기를 바란다.

둘째, 흉식 호흡이 아닌 복식 호흡을 하라.

호흡에는 복식 호흡과 흉식 호흡이 있다. 복식 호흡은 숨을 쉬고 내쉴 때 배가 같이 움직이는 호흡이다. 숨을 들이마실 때는 공기가 배로 들어왔으니 배가 불룩해져야 하고 내쉴 때는 숨이 빠지니 배가 들어가는 호흡이다. 반면에 흉식 호흡은 호흡을 할 때 배가 아니고 가슴이 움직인다. 그럼 수험생은 어떤 호흡을 하는 것이 좋을까? 정답은 복식 호흡이다. 이는 수험생뿐만 아니라 모든 사람에게 적용된다. 인간은 태아기 때부터 어머니와 탯줄로 이어져서 산소를 공급받으며 복식 호흡을 했다. 아기들을 보면 호흡할 때 배로 숨을 쉬는 것을 확인할 수 있다. 대부분의 사람은 나이가 들고 어른이 되도 복식 호흡을 하는 경우가 많지만, 일부 사람들은 흉식 호흡으로 바뀌기도 한다. 상담을 통해 많은 사람을 만나고 관찰해본 결과, 스트레스나 화가 많은 경우에 흉식 호흡을 하는 사람들이 많았다. 이런 경우에 상담 중에 호흡을 확인하고 복식 호흡을 유도하는 것만으로도 심리적으로 긍정적인 효과가 있었다.

몸이든 마음이든 문제가 생겼다는 것은 무언가 제대로 지켜야 할 것을 지키지 않았다는 것을 의미한다. 쉽게 말해 교감신경은 스트레스를 받을 때 과도하게 활성화되고, 반대로 부교감신경은 잠을 잘 때나 심신이 안정된 상태에서 활성화되는데, 호흡을 들이마시는 작용을 하는 교감신경과 호흡을 내쉬는 작용을 하는 부교감신경이 균형을 잃었을 때 자율신경계가 비정상적으로 작동하고 문제 증상들이 나타나기 시작하는 것이다. 복식 호흡은 자율신경계의 안정과 정상적인 기능을 돕는 데 적합한 호흡법이다. 가끔 여성들 중에서 복식 호흡을 하면 배가 나온다는 생각 때문에 흉식 호흡을 고집하는 경우가 있는데 전혀 근거가 없는 이야기이니 안심하고 복식 호흡으로 바꾸기를 바란다.

복식 호흡이 습관화되지 않은 경우 며칠 동안은 의식적으로 집중하여 연습할 필요가 있다. 연습을 거듭하면 복식 호흡이 점차 자연스러워진다. 연습은 다음과 같이 하면 좋다.

1. 바닥에 누워서 눈을 감는다. 앉아서 해도 좋으나 처음에 익숙하지 않을 때는 누워서 하는 것을 추천한다. 한 손은 배 위에 다른 손은 가슴에 놓는다.
2. 코로 천천히 깊게 숨을 들이마시면서 배를 최대한 내민다. 배가 부풀어 오르는 것을 손으로 느껴보라. 이때 어깨와 가슴은 움직이지 않도록 해야 한다.
3. 숨을 최대한 들이마신 상태에서 이번에는 천천히 배가 완전히 수축할 정도로 숨을 내쉬어준다. 이때 들이마신 숨보다 내쉬는 숨을 좀 더 길게 하는 것이 좋다.

이렇게 반복적으로 연습해보라. 들숨과 날숨 전체 호흡이 점점 길어진다면 더욱 더 좋다. 호흡에 집중하여 꾸준히 연습하다 보면 호흡의 편안함과 심신의 이완을 느끼게 될 것이다.

운동은 집중력과
인지능력을 키운다

　　미국 일리노이주에 있는 네이퍼빌 센트럴 고등학교 체육 교사 필 롤러는 평소 운동을 많이 하지 않는 학생들에게 0교시 체육수업을 만들어 운동을 하게 했다. 그는 학생들이 각자 자신의 능력에 맞는 운동을 할 수 있도록 개별적인 운동 계획도 세워주었다. 처음에는 학생들의 건강 유지와 비만 예방을 위해 운동을 시작했는데, 운동에 참여한 학생들의 성적까지 좋아지는 결과가 나타났다.

　　운동을 꾸준히 한 것이 성적 향상에 어떤 영향을 미쳤을까? 우리 뇌의 질량은 체중의 2%에 불과하지만 혈액 사용량은 20%에 달한다. 뇌가 잘 기능하려면 혈액의 공급이 중요한데, 땀이 날 정도의 운동을 하면 뇌에 충분한 혈액과 산소가 공급된다. 따라서 사고력과 판단력 등 두뇌 기능이 전반적으로 향상되는 것이다. 또한 운동을 하면 도파민, 노르에피네프린, 세로토닌 등의 신경전달물질의 분비가 촉진되면서 주의집중력을 자극하는 데 도움이 된다.

신경전달물질은 신경 사이의 정보를 전달하는 역할을 하는데, 이 물질이 원활하게 분비되면 당연히 뇌까지 정보가 잘 전달되어 집중력과 인지능력이 향상된다. 또한 뇌세포 수가 증가하고 기억력이 좋아지며 정보를 습득하는 능력이 발달한다. 이런 원리에 의해 정신적, 신체적 환경이 잘 만들어지면 공부에 대한 의욕도 커질 수밖에 없다.

작년에 바디프로필 사진을 유튜브와 인스타그램에 올렸는데, 이는 운동을 생활화하겠다는 다짐에 대한 결과물이었다. 항상 일과 강의로 바쁘고 특히 밤 늦은 시간까지 수업을 하다 보니 운동 시간을 확보하는 것이 쉽지 않았지만, 코로나19로 인해 최근 건강에 대한 경각심이 높아지면서 면역력을 키우고 체력을 증진시키기 위해 일정을 모두 조정하고 꾸준히 운동을 실천한 것이다. 바쁜데 운동할 시간이 어디 있냐고 반문하는 사람도 있을 것이다. 정말 바빠서 운동을 못한다고 생각하는가? 나는 지금도 밤 11시에 퇴근해서 12시에 아무도 없는 곳을 달린다. 의지와 목표가 있다면 못할 것은 없다.

공부하느라 아무리 시간이 없어도 반드시 30분이라도 매일 시간을 내서 운동하라. 수험생활을 지탱하는 중요한 힘 중에 하나가 체력이다. 더 오랫동안 앉아 있고, 집중하고, 인내하는 데 매우 중요한 역할을 한다.

요즘 운동을 꾸준히 하면서 건강 상태가 전보다 아주 좋아졌다고 느낀다. 책을 보거나 글을 쓰거나 일을 할 때도 집중력과 효율이 높아졌다. 40대가 되어서 비로소 운동의 진가를 알게 되었는데 이 것을 젊은 20대부터 알고 계속 좋은 운동습관을 들였으면 얼마나 좋았을까 하는 생각을 한다. 많은 사람들이 젊은 날부터 더욱 건강을 지키는 삶을 살았으면 한다.

인간은 경쟁 없이
존재할 수 없다

　당신은 경쟁을 즐기는가? 같은 목표를 향해 공부하는 누군가와 경쟁하면서, 보다 더 좋은 성적을 받고 말겠다는 마음은 인간의 본성이다. 경쟁을 즐기는 자도 있지만 보통은 경쟁을 피하려고 하고 두려워한다. 공부할 때뿐만 아니라 삶을 살아가면서 언제나 우리는 어떤 식으로든 타인들과 경쟁하며 살아갈 수밖에 없다.

　무한 경쟁 시대에서 살아남기 위해 공부를 잘해서 좋은 결과를 얻기로 결심했다면, 경쟁의 의미를 재정립하고 제대로 된 인식을 갖추어서 경쟁 상황에서 우위에 설 수 있도록 해야 한다. 사람들은 경쟁을 통해서 발전한다. 경쟁 없이 발전할 수 있다고 생각하는 것은 어리석은 생각이다. 경쟁을 찾아 나서는 사람만이 최상의 모습을 끌어낼 수 있다.

경쟁(Competition)은 라틴어 'peto'에서 유래된 말로 '나가서 찾다'라는 뜻이다. 그리고 접두어 'com'은 '함께'를 의미한다. 따라서 'competition'은 경쟁자와 함께 나가서 찾는 것을 의미한다. 즉 'competition'은 다른 사람의 도움이 필요한 과정이며, 혼자 경쟁한다는 것은 불가능하다. 즉, 경쟁은 서로를 도와서 자신 안에 최고의 모습을 찾아내는 것이다.

이 의미에 집중하고 곰곰이 생각해본다면 경쟁자는 나에게 가장 소중한 친구나 다름이 없는 귀한 존재이다. 한편으로는 같은 목표를 향해 공부하는 경쟁자가 있기에 혼자서 쓸쓸하게 내 안의 최고의 모습을 찾을 필요가 없게 된 것이다. 경쟁자 덕분에 나는 나의 능력을 최대치로 끌어낼 수 있을 뿐만 아니라 계속해서 노력할 수 있는 힘을 더 얻게 된다.

이렇듯 경쟁은 나 그리고 나의 경쟁자 모두에게 득이 되는 상승작용을 일으킨다. 경쟁을 하려면 나보다 수준이 높은 경쟁자와 하는 것이 좋다.

최고의 경쟁자는 나를 자극하고, 나를 몰아붙이고,
나의 영혼을 불타오르게 만든다.

최고와 겨룰 때 나에게서 최고의 면모가 나온다. 경쟁에 맞서려고 할 필요없이 진심으로 나를 위해서 경쟁을 이용하는 법을 터득해야 한다. 서로 반목하며 경쟁하는 것은 진정한 경쟁의 가치를 떨어뜨린다. 서로를 위해 더불어 경쟁하는 것이 진정으로 위대한 경쟁이다.

최고의 경쟁자는 나의 발전을 위한 필수 조건이고, 자신의 분야에서 남다르게 성공한 자들이 가지고 있는 공통된 자원이다. 주변에 나보다 공부를 잘하는 경쟁자가 많다면 그것은 당신에게 큰 축복이다. 최상위권의 성적을 받는 학생들을 살펴보면 학습과 생활 면에서 보통의 학생들과 분명히 많은 차이를 보인다. 그들에게는 반드시 다른 사람들과 차이가 날 수밖에 없는 공통적인 요소들이 존재한다. 그들이 같은 시간에 같은 환경에서 공부를 해도 남들과 어떻게 질적인 차이를 나타내는지 면밀히 분석해야 한다.

그들의 강점을 인정하면, 새로운 자신의 모습이 보인다. 타인을 확실하게 인정할 수 있는 사람은 내가 인정한 그 사람이 나의 적이 아니라 나를 성장시켜 주는 스승이라는 사실을 깨닫게 된다. 공부를 잘하고 싶은 마음이 간절하다면 성적이 잘 나오는 친구 또는 선생님으로부터 제대로 배워야 한다. 그래야 성적이 오른다. '배운다'는 자세는 곧 상대의 뛰어난 점을 인정한다는 뜻이다. 인정하는 사람만이 상대의 좋은 면을 배울 수 있다. 사람들은 누구나 자신의 가치를 인정하는 사람에게 친절하고 우호적으로 대하기 때문이다.

시험에 임할 때도 마찬가지다. 시험은 혼자 보는 게 아니다. 여럿이 함께 보는 게 시험이다. 시험이나 시합은 'contest'라고 봐야 한다. 접두사 'con'은 '함께'라는 뜻이며, 'test'는 '증언하다(testify)'와 어원이 같다. 증언을 하기 전에 하는 것은 맹세다. 진실을 말하겠다는 약속을 먼저 하는 것이다.

즉, 시합이나 시험에 임하는 기본적인 자세는 먼저 약속을 전제로 해야 한다. 최선을 다하겠다는 나와의 약속이고, 이 사회에 보내는 약속이라 생각해도 좋다. 아무리 어렵고 힘들어도 최선을 다하고, 절대로 포기하지 마라. 이런 다짐과 그 실천을 통해서 우리는 계속 강해질 수 있다.

일상에서
자율 긴장 이완법을 습관화하라

자율 긴장 이완법이란 몸이 완전히 이완된 상태에서(앞서 설명했듯이 몸과 마음은 연결되어 있기 때문에 몸이 이완되어야 무의식에 암시가 더 쉽게 수용된다) 자신이 원하는 미래의 모습이나 목표 등을 무의식의 언어인 상상력을 동원해서 효과적으로 무의식에 새기는 것을 말한다. 자율 긴장 이완법이 선행되면, 무의식 속에 자신이 원하는 모습을 더 선명하게 떠올릴 수 있고, 그것이 당연히 이루어질 거라는 확신과 강한 몰입 상태를 유지할 수 있기 때문에 결과적으로 자신이 상상한 모습을 현실에서도 이루게 된다. 그러나 보통 사람은 그와 반대로 한다. 자신도 모르게 부정적인 모습만 떠올리면서 자신은 뭘 해도 안 된다고 자책한다. 결국, 자율 긴장 이완법을 어떤 방향으로 활용했는가에 따라 무의식의 힘이 발휘되고 인생이 달라지는 것이다.

성공한 세계적인 리더들의 공통된 습관 중에는 '명상'이 있다. 그들은 자신의 정신을 더욱 강화시키기 위하여 명상을 생활화한다. 이것은 어제오늘의 일이 아니다. 심지어 포춘지 선정 500대 기업의 CEO들은 회사 내에 명상할 곳을 만드는 등 직원들에게도 명상을 권장하고 있다고 한다. 오랜 시간 인류의 역사가 증명해 왔듯이 일상 속에서 심신을 이완할 수 있는 자율 긴장 이완법을 활용하고자 하는 사람들이 늘어나고 있는 것이다.

뇌파는 최면 상태에서 베타파(β)에서 알파파(α)로 변화하는데, 알파파 상태는 몸과 마음이 완전히 이완된 상태이고, 한 대상에 고도로 집중돼 있는 상태를 말한다. 타인의 도움 없이 혼자 힘으로 이런 알파파 상태에 도달할 수 있다면, 바로 자기최면이 가능해지는 것이다. 이런 상태에서 우리는 기존의 신념과 부정적인 무의식을 바꾸는 것이 수월해진다. 즉, 자기최면은 자신의 잠재적인 힘을 효과적으로 훈련하고 능력을 최대한 발휘할 수 있도록 하는 데 큰 도움을 준다. 고도의 정신 몰입 상태가 필요한 수험생들이라면 자율 긴장 이완법을 스스로 완성시켜야 한다. 참고로 자율 긴장 이완법을 실행하기에 가장 좋을 때는 편안한 이완 상태를 만들기 가장 적합한 시간인 잠자기 직전이다.

또한 자율 긴장 이완법에서 중요한 요소가 하나 있는데, 바로 암시이다. 인간은 의식적이든 무의식적이든 끊임없이 자신에게 '암시'를 한다. 또 사회적 동물로서 타인으로부터 계속 암시를 받을 수밖에 없는 특성을 가지고 있는데, 자신이 스스로에게 한 암시와 타인으로부터 받은 암시의 질적인 차이로 인해서 우리의 정신 수준은 계속 영향을 받을 수밖에 없다.

타인암시와 자기암시의 결과물로 우리 마음 속에는 고정관념이 형성되는데, 잘못된 방향으로 고정관념이 형성되면 바꾸기가 쉽지 않다. 잘못된 고정관념을 깨기 위해서는 반드시 강력한 자기암시가 필요하다. 자기암시란 입으로 내뱉는 말뿐만 아니라, 자신의 마음 속에 품은 생각까지도 모두 범주에 포함된다. 긍정적인 암시를 지속적으로 무의식에 되뇌는 습관이 되어 있어야만 초집중이 필요한 순간에 자연스럽게 그 상태가 만들어진다.

독일의 정신의학자 슐츠(J. H. Schultz) 박사는 이완과 초집중 상태를 효과적으로 만들기 위한 방법으로 6단계의 자율훈련법을 만들었다. 6단계는 다음과 같다. 각 단계의 부위에 집중하면서 편안하게 이완을 시작해보자.

1단계, 팔다리가 묵직한 느낌

2단계, 팔다리가 따뜻한 느낌

3단계, 심장이 안정된 느낌

4단계, 호흡이 안정된 느낌

5단계, 복부(태양신경총)가 따뜻한 느낌

6단계, 이마가 시원한 느낌

　　침대에 눕거나 아니면 소파에 앉은 자세로 시작 전에 심호흡을 충분히 하면서 '안정된 느낌'을 만들고 난 후에 단계별로 암시를 스스로 행하면 된다. 가장 중요한 단계는 1단계이다. 편안하게 온몸에 힘을 풀고 이완시키는 것이 가장 중요하다. 조급증이 있다면 3단계가 특히 유용할 것이고, 소화 장애가 있는 사람은 5단계를 하면서 소화 기능들이 회복될 것이다. 그리고 공부를 많이 하는 수험생들은 6단계를 반복하면서 머리가 차분해지는 것을 느끼게 된다. 위의 훈련을 자주 반복하다 보면 각 단계에 도달하는 시간도 점점 줄어들고 효과도 크게 나타난다.

　　슐츠 박사는 이 6단계에 집중하는 것만으로도 많은 능력이 향상된다고 주장했다. 중요한 것은 슐츠의 자율훈련법도 자기최면을 하는 방법 중 하나에 불과하다는 것이다. 절대적인 방법은 아니므로 원리를 활용하여 자신에게 맞는 방법을 연구해서 시행하는 것이 더 효과적일 수 있다. 무엇보다도 자기암시에서 가장 중요한 것은 이미지(무의식의 언어)를 선명하고 생생하게 떠올리는 것임을 항상 기억하라. 자신의 암시대로 생각하고 떠올리는 것을 습관화해야 한다.

　　이때, 수험생들이 주의해야 할 부분이 있다. 반에서 중간 정도 성적을 받다가 갑자기 전교 1등을 하는 상상을 하면, 상상 자체가 힘들 뿐만 아니라 본인 스스로가 인지 부조화[2]상태가 되어서 무의식에서 즉각적으로 그 상상을 받아들이기 쉽지 않다. 그러므로 당장 자신이 원하는 등수를 상상하는 것보다 두뇌를 좋게 만드는(집중력을 높이고 잡념을 사라지게 하는) 암시부터 먼저 시작하는 것이 좋다. 가령 어느 대학에 합격한 모습을 상상하기 전에, 먼저 자신의 두뇌를 떠올려서 건강해지도록 뇌를 마사지한다거나 두뇌를 깨끗한 시냇물에 넣어서 잡념들이 다 사라지는 상상을 하라.

단계적으로 이미지를 정해두고 시각화(심상이 떠오르게 하는 것)가 잘 되도록 차근차근 노력하다 보면 점점 자연스러워진다. 즉, 상상을 할 때는 불가능하다는 마음의 반작용이 생기지 않는 것부터 떠올리면서 점진적으로 훈련해야 한다. 그리고 몸의 이완이 충분히 된 상태에서 점수가 올라가는 상상, 시험에 합격한 모습 등 더 구체적인 시각화로 넘어가야만 매끄럽게 자기최면이 가능해진다. 절대 조급하게 하려고 하지 마라. 편안한 마음으로 자주 반복하면서 습관화해야 효과가 있다.

---

2 미국의 심리학자 레온 페스팅거(Leon Festinger)의 저서 『인지적 부조화 이론(Theory of Cognitive Dissonance)』을 통해 제기된 용어로, 인지 부조화란 사람이 두 가지 모순되는 인지 요소를 가질 때 나타나는 인지적 불균형 상태를 뜻한다. 이런 인지적 불균형 상태는 심리적 긴장을 유발하므로, 사람들은 이를 해소하여 심리적 안정을 찾고자 한다는 것이다. 인지 부조화를 해소하기 위해서 사람들은 자신의 잘못을 인정하기보다는 자신의 결정을 극단적으로 합리화하며, 자신이 알고 싶지 않은 정보를 스스로 차단하고, 알고 싶은 것만 받아들이게 된다.

"인간은 하나의 소우주다."

하루에 오만 가지 생각을 하는

인간의 무의식은 보물 창고와도 같다.

당신의 내면에 무한한 가능성이 있다.

그리고 그 내면에 어떤 것을 꺼낼 것인지는

전적으로 자신에게 달려있다.

3장

초집중력을 키우는
실전 단계

: 자기암시와 무의식 훈련

잠재의식을
이해하고 활용하라

19세기를 마감하는 시기에 의학계의 혁명적인 발견이 있었다. 독일의 물리학 교수였던 뢴트겐이 우연히 X광선을 발견하게 되면서 진단 의학계의 새로운 지평이 열렸다. 빛이 통과하지 않는다고 알려진 신체를 통과할 수 있는 광선이 존재하고 그 광선을 이용해 신체 내부를 탐색할 수 있다는 것을 실험을 통해서 입증해냈다. 개복을 하지 않고도 많은 사람의 신체 내부 상태를 확인할 수 있게 되고 효과적으로 의학 처치가 가능해지면서 엑스레이는 의학의 발전에 크게 공헌하게 된 것이다.

비슷한 시기에 심리학에 대한 연구가 활발히 진행되었고, 심리학자이자 의사였던 프로이트, 융, 아들러의 연구 덕분에 정신분석에 대한 심리학 이론이 정립되면서 사람들의 마음을 들여다보고 이해하는 것이 훨씬 수월해졌다. '마음의 엑스레이' 같은 도구가 생긴 것이다.

'사람들의 마음을 엑스레이처럼 한눈에 들여다볼 수 있으면 얼마나 좋을까?'

오랫동안 사람들의 심리적인 상태를 분석하고 도움을 주는 일을 하다 보니 이런 생각을 하기도 했다. 많은 사람이 비슷한 생각을 해본 적 있을 것이다. '저 사람 속 좀 들여다보면 좋겠다'와 같은 생각 말이다.

이런 주제를 다룬 영화 「왓 위민 원트」는 한 남자가 화장실에서 넘어져 감전 사고를 겪은 뒤에 여성들의 생각이 들리게 되면서 벌어지는 에피소드를 다룬 스토리다. 특별한 계기로 여성들의 생각을 들을 수 있게 된 주인공 닉은 인생에 엄청난 변화가 생겼다. 그동안 문제라고 인식하지 못했던 것들, 가령 여성 직장 동료들과의 서먹함이나 외동딸과의 어색한 관계 등의 문제들도 다시 생각해보는 계기가 되었고, 마음을 들여다본 계기로 관계가 달라지고 갈등이 극복되어 닉은 이전보다 더 유연한 사고를 하고, 더 편하게 사람들과 어울릴 수 있게 되었다. 이 영화를 보면서 모든 문제는 나의 마음속에 있고, 나의 문제가 해결되면 다른 사람들과의 관계도 개선할 수 있다는 것을 새삼 느꼈다.

물론 영화 같은 일은 일어나지 않겠지만 실제로 내 마음과 사람들의 마음을 제대로 들여다보려면 인간 심리에 관한 본질적 지식을 갖추고 깊은 관심을 가져야 한다. 당연히 인간의 잠재된 능력에 대한 이해도 함께 이루어져야 한다.

미국 심리학의 권위자인 윌리엄 제임스 박사는 "인간의 잠재의식 속에는 세계도 움직일 수 있는 힘이 있다"고 했다. 잠재의식은 인간의 생명과 행동력의 원천이자 위대한 힘을 갖고 있는 것이다. 잠재의식이 인간 행동의 원동력이 된다는 것을 즉각적으로 이해하려면 '후최면현상'을 예로 들면 좋을 것 같다. 후최면현상이란 최면 중에 최면자가 피최면자의 잠재의식에 어떤 암시를 부여한 뒤에 피최면자가 최면에서 깨어나면 암시대로 행동하는 현상을 말하는 것이다.

예를 들어 최면 상태에 있는 피최면자에게 "당신은 최면에서 깨어나면 창문을 열게 됩니다. 하지만 최면에서 깨어난 후에는 방금 내가 한 말은 잊어버립니다. 그러나 반드시 창문을 열게 됩니다"라고 암시한 후에 최면에서 깨우면 피최면자는 잠시 후에 창문을 연다. 이때 "왜 창문을 열었나요?" 하고 물어보면 피최면자는 "그냥 답답해서요" 혹은 "좀 더워서요"라고 하면서 나름의 이유를 이야기한다. 잠재의식에서 받아들인 암시나 생각이 행동에 직접적인 영향을 준 것이다.

인간은 항상 무엇인가 말하거나 속으로 생각하거나 스스로에게 중얼거린다. 자신도 모르게 하는 이런 중얼거림을 '자기암시'라고 하자. 이런 자기암시가 의미 있는 것으로 이어진 사람들이 있는가 하면, 의미 없고 자기 파괴적으로 흡수되어 스스로를 자해하는 사람들도 있다. 성공한 사람은 자기암시의 내용이 의미 있는 것으로 잠재의식 속에 형성된 상태이지만, 불행한 삶을 사는 사람은 자기비하적이고 비생산적인 자기암시로 자신을 망쳐온 것이다.

앞에서 이야기했듯 성적을 올리는 것은 자기암시만 잘해도 생각과 행동의 통제가 훨씬 수월해지기 때문에 충분히 가능하다. 이것을 인생 전체로 확장시키면 깨달음이 온다. 사실 우리 인생은 성장 과정에서 잠재의식 속에 받아들인 암시를 무의식적으로 계속 행동으로 실행하며 살아가고 있는 것이라고 볼 수도 있다.

인간은 누구나 어릴 적에 부모 혹은 주양육자로부터 잠재의식에 다양한 암시를 전달받는다. 마치 최면 상태와 유사한 무비판적 상태에서 누가 더 양질의 암시를 받았느냐에 따라 삶의 질이 결정되는 것이다. 어린 시절의 유사 최면 상태에서 들어온 암시대로 말하고 행동하며 사람들은 살아가고 있다. 이런 무의식적 관점을 이해한다면 사람들에 대해서 더 깊이 이해할 수 있는 마음도 갖게 된다. 만약 누가 황당한 행동을 하더라도 그가 받아들인 암시대로 말하고 행동하는 것이란 것을 알기에 그를 이해할 수 있다는 것이다. 그래서 감정적인 대응을 하는 것보다는 그에게 들어온 암시를 분석해서 그를 이해하고 필요할 경우엔 그를 도울 수 있게 된다.

사람들은 '나는 변할 수 있어', '나는 할 수 있어' 이렇게 쉽게들 말하지만 실제로 결심을 이루고 변화하는 사람은 생각보다 많지 않다. 사람이 이전과 완전히 달라진다는 것은 자신이 갖고 있는 기존의 생각과 관념을 변화시켰다는 것인데, 그러려면 반드시 긍정적인 자기암시를 잠재의식에 충분하게 제공해야 한다. 타인에게도 마찬가지다. 상대에게 좋은 의도로 암시를 주려고 해도, 상대가 기존에 가지고 있는 무의식적 신념들을 보호하기 위하여 의식의 영역에서 먼저 비판의식이 작동하면서 암시를 차단한다. 그래서 타인에게 영향력을 주고 원하는 삶을 살아가기 위해서는 타인의 비판의식과 거부감을 최소화할 수 있도록 초집중 상태를 통해 효과적인 암시를 줄 수 있는 지식과 기술이 필요하다. 이 부분에 관한 내용은 3장에서 자세히 풀어나가도록 하겠다.

생각은 무의식 안에 있는 틀에서 나온다

'할 수 있다', '노력하면 성공한다'와 같은 말은 당연한 이야기이지만 마음속에 깊이 각인하는 것은 쉬운 일이 아니다. 아무리 의미 있는 말이라도 받아들일 준비가 되지 않은 사람에게는 반복할수록 잔소리로 느껴지고 거부감만 커질 수도 있다. 잘되라는 의미로 하는 말은 맞지만 말하는 사람이 정작 자신은 하지 못한 것을 하라고 하거나, 최소한의 법칙과 원리도 알지 못한 채 격려 정도의 의미로 말하는 경우에도 그 말은 상대의 가슴 깊이 들어갈 수 없는 한계가 있는 것이다.

인간은 로봇이 아니다. 들으면 들은 대로 시키면 시키는 대로 바로 움직이지 않는다. 어린아이도 자기 나름대로 판단하고 결정한다.

남이 아무리 좋은 말을 하더라도 그 말을 받아들이지 않으면 무용지물일 뿐이다. 자신이 스스로 느껴야만 한다.

우리는 좋은 말을 한다. "행복과 불행은 생각하기에 달린 것이다", "자신의 생각대로 삶이 결정된다". 모두 진리지만 현실에서는 알면서도 그렇게 살지 못하는 사람들이 더 많다. 현실에서는 마음을 단단히 먹어도 오래가지 않고 생각한 대로 실천하지 못하는 사람들이 실제로 정말 많기에 작심삼일(作心三日)이라는 말도 있는 것이다. 아무리 굳게 결심하고 독하게 마음먹어도 쉽사리 무너지는 경험을 반복하다 보면 스스로에 대한 믿음도 점차 사라지고 나중에는 결심이 아무 의미 없다고 느끼기도 한다.

사람은 생각하고, 말하고, 행동한 대로 인생을 만들어낸다. 하지만 생각조차 바꾸는 것이 쉽지 않다. 왜냐하면 전체 정신 영역의 90%인 무의식에 형성되어 있는 기존 생각의 틀이 쉽게 바뀌지 않기 때문이다. 공장에서 물건을 만들 때도 먼저 금형(metallic mold)틀을 만들어 놓고 그것으로 물건을 찍어낸다. 그 금형 틀에서 생산된 모든 물건은 완전히 똑같은 제품만 나올 수 있다.

사람도 마찬가지이다. 사람의 무의식 속에 정착된 어떤 틀(신념, 철학, 가치관 등을 의미한다)이 존재하고, 그 틀 속에서 동일한 형태로 찍혀 나올 수밖에 없다. 생각과 말, 행동 모두가 그 틀 안에서 만들어진다. 이런 무의식의 생각의 틀은 보통은 대대로 이어져 내려가는 것이 일반적이다. 가족관계 안에서 반복적인 암시로 전달되고 보고 듣고 경험하는 것들이 무의식을 형성하는 데 깊은 영향을 주기 때문이다. 그래서 '콩 심은 데 콩 나고 팥 심은 데 팥난다'라는 속담이 있는 것이다.

인생을 바꾸고 싶다면 이 사실을 완전히 깨달아야만 한다. 깨닫는 것은 무의식의 틀 자체를 바꾸는 것이다. 하지만 이 일은 오랜 시간 인내와 인고의 시간을 거쳐야 가능하다. "노력하자", "감사하자", "칭찬하자"와 같은 말만 주고 받는다고 인생은 변하지 않는다. 좋은 것을 머리로는 알지만 행동을 못하는 사람이 부지기수다.

틀을 바꾸는 것이 중요하지만 자신이 갖고 있는 틀의 모양을 모르고 있다면 바꿀 생각조차 하지 못한다. "너 자신을 알라"라고 성현들이 외치는 것이 바로 무의식에 형성된 자신의 틀을 제대로 파악하라는 이야기이다. 하지만 무의식 속의 생각의 틀은 눈으로 볼 수 있는 것이 아니다. 오직 생각의 틀로 찍어낸 결과물을 통해 유추해 볼 수 있다. 생각의 틀을 바꾸지 않고 기존과 다른 결과를 기대하는 사람은 어리석은 자다.

아인슈타인은 "똑같은 방식으로 더 많은 노력을 함으로써 상황이 바뀔 것을 기대하는 사람은 미치광이와 다름없다"라고 말했다. 틀을 제대로 바꾸지 않는 한, 그 잘못된 틀에서 안 좋은 결과만 거듭 찍어내기에 어느덧 마음속에는 '노력해도 부질없다'라는 패배의식만이 커져가게 된다. 노력을 믿지 못하고 노력을 등한시하다 보면 전보다 못한 결과가 거듭될 수밖에 없다.

자신을 힘들고 어렵게 만드는 잘못된 틀과 판에 박힌 생각에서 빠르게 벗어나야 한다. 영어에서 '판에 박힌'이란 표현으로 'stereotype'이라는 단어를 사용하는데 'stereotype'은 원래 인쇄할 때 쓰는 연판을 말한다. 마치 연판으로 찍어낸 인쇄물처럼 똑같은 말과 행동을 계속해서 되풀이한다는 뜻이다. 한 번 고정된 이 틀은 쉽게 바뀌지 않는다. 나이가 어릴 때는 비교적 쉽게 바꿀 수 있는 부분이 있지만, 나이가 들수록 그 틀이 두껍고 단단해져서 깨부수기가 어려워진다. 살다 보면 생각이 다른 자들을 설득해야 할 때가 있다. 이때 마치 벽에다가 이야기하고 소귀에 불경을 읊는 것과 같은 느낌을 받을 때가 있다.

나는 이런 틀을 깨는 방법을 연구하고 사람들에게 코칭해주는 일을 하고 있지만, 일이 아닌 일상적인 상황에서는 굳이 상대의 틀을 깨려하지 않고 그냥 이해하고 넘어간다. 틀을 깨고 변화시키는 작업에는 많은 에너지가 소모되기 때문이다. 사람들은 각자 갖고 있는 저마다의 틀대로 생각하고 행동하는 존재다. 상대방의 생각과 행동을 이해하려면 그 사람의 틀이 어떤 모양인지 살펴볼 필요가 있다. 틀은 개인뿐만 아니라 사회와 국가 등의 집단에도 존재하는데, 관습이나 문화, 이념의 차이 등이 대표적인 사회적 틀이다. 이런 틀을 잘 파악하고 활용할 수 있는 능력은 성공에서 정말 중요한 요소이다.

언제나 무의식에 형성되어 있는 틀을 인식하려고 하다 보면, 자신의 틀을 더욱 멋지게 지속적으로 변화시키려는 노력을 하게 된다. 점차 자신에 대한 통제감과 확신감이 높아질 뿐만 아니라 타인과 사회를 훨씬 더 잘 이해할 수 있게 된다. 또한 거시적인 관점에서 세상을 볼 수 있게 될 것이며, 자신의 틀을 활용해서 많은 영향력을 행사하며 살아갈 수 있게 된다. 지금 당신의 무의식은 어떤 형태를 가지고 있는가? 당신의 무의식이 원하는 생각과 행동을 찍어낼 수 있도록 올바른 틀을 먼저 만들어야 한다.

집중도를 높여
초집중하라

　공부를 잘하고 싶다면 오직 공부 하나에만 집중하는 정신 상태를 만들어야 한다. '초집중' 상태, 즉 자신의 무의식을 완전히 통제하고 활용하는 것이 가능해야 한다는 말이다. 이는 단 하루의 노력만으로는 가능하지 않다. 수험생활 내내 자신의 정신을 잘 가꾸는 노력을 해야 한다. 그 노력의 바탕에는 인생에 대한 거시적 관점과 꾸준한 자기암시 등이 있다. 인생에 대한 거시적 관점과 인간을 이해하는 안목이 형성되었다면, 세부적인 계획이나 목표 달성을 위한 행동 변화와 진정한 노력이 가능해진다.

　'초집중'이란 구체적으로 무슨 상태일까? 내가 집중하려고 노력해서 도달하는 '의도적 집중'이 아니라, 나도 모르게 강하게 집중이 되어 시간 가는 줄 모를 만큼 완전히 몰입된 상태이다. 우리 정신의 90% 영역이 무의식이기 때문에 이런 초집중 상태가 존재하는 것이다. 의식하지 않아서 느끼지 못할 뿐이지, 우리는 일상생활에서 많은 초집중 상태를 경험한다.

'매력적인 이성에게 매료되었다.'

'만화책이나 영화를 보다가 잠시 환상 속으로 빠져들었다.'

'무엇인가에 열중한 상태로 시간이 훌쩍 지나가버렸다.'

'쇼핑하면서 나도 모르게 충동적으로 카드를 긁고 있다.'

초집중 상태에서 인간은 놀라운 능력을 발휘한다. 아르키메데우스가 목욕탕에서 질량의 법칙을 발견한 것 또한 우연이 아니다. 목욕탕에서는 평상시와 달리 우리 몸이 이완되면서 평상시의 뇌파보다 낮은 저뇌파 '알파파'가 흐르게 된다. 이것은 초집중 상태에서 나타나는 신체적 현상과 유사한데, 몸이 이완되는 목욕탕에서는 몸에 힘이 빠지면서 10%에 해당하는 의식의 흐름보다 90%에 해당하는 무의식적인 흐름이 활성화된다. 이때 평상시 안 풀리던 문제가 해결된 것이다. 이처럼 육체적이든 정신적이든 최고의 컨디션이라 함은 내가 지금 설명한 초집중 상태와 유사한 상태(이완 상태, 알파파)에서 이루어진다.

공부를 잘하는 사람들의 공통점은 바로 이 집중도가 높다는 것이다. 돋보기로 열에너지를 모아 불을 내려면 반드시 초점을 맞춘 채로 일정 시간을 지속해줘야 한다. 아무리 잘 타는 마른 나뭇잎이라도 돋보기로 초점을 맞추지 않은 상태라면 빛을 무한정 비춰도 절대 타지 않는다. 정신이 분산된 사람은 아무것도 이룰 수 없다. 오직 초집중의 힘을 발휘하는 사람만이 계획한 일을 최단시간에 효율적으로 해낼 수 있다.

그렇다면 집중도를 높이려면 체력이 좋아야 할까? 간혹 집중력은 '체력과의 싸움'이라고 생각하는 사람들이 있다. 물론 기초 체력이 좋으면 집중할 수 있는 힘이 커지긴 한다. 하지만 체력과 집중력은 다르다.

체력은 인간이 가진 에너지의 총량이라고 한다면,
집중력은 한 분야에 쏟는 에너지의 양이다.

에너지의 총량이 100인 사람이 20개 분야에 에너지를 분산시키고 있다면, 한 분야에 쏟는 에너지는 5에 불과하다. 하지만, 에너지 총량이 50인 사람이 오직 한 분야에만 집중한다면 에너지 총량이 50이 된다. 따라서 에너지 총량이 50인 사람이 100인 사람을 충분히 이기고 남게 된다. 아무리 체력이 넘치는 사람이라 해도 한 분야에 집중하는 사람을 이길 수는 없다. 에너지를 분산하는 것보다 필요한 것에만 집중적으로 몰입하는 것이 성공을 위해서 더욱 중요하고 필요한 자세이다.

누구나 하나에 완전히 집중하면 다른 것에는 집중할 에너지가 줄어들기 마련이다. 공부를 열심히 하면 다른 것에는 별로 관심을 쏟을 수 없다. 반대로 공부를 대충하는 사람들은 그 외에 다른 것에 더 많은 신경을 쓸 수밖에 없다. 에너지를 어디에 사용하느냐가 관건이지 총에너지의 양의 많고 적음이 중요한 것이 아니다. 실제로 자신의 분야에서 월등한 성취를 이룬 사람들을 만나보면 자신이 하는 분야 외에는 별로 관심이 없거나 잘 모르는 경우가 많다. 그럼에도 불구하고 그들이 성공할 수 있었던 이유는 자신이 중요하다고 생각하는 분야에 완전히 집중하고 그것을 통해 세상에서 더 큰 성과를 내었기 때문이다. 자신이 잘 모르는 분야에서는 직원을 고용하거나 협업하는 방식으로 효율적인 성장이 가능하다. 그러니 모든 것을 다 잘하려고 하지 마라. 모든 것을 잘한다는 것은 불가능한 일이다.

초집중하여 공부할 수 있다는 것은 그 자체로 미래에 성공할 수 있는 사람이라는 것을 증명하는 것이나 다름이 없다. 집중력이 좋은 사람들은 일단 공부를 시작하면 의자와 엉덩이가 일체화된 것처럼 집중된 자세로 자리를 지킨다. 공부로 초집중을 체화시킨 사람들이 생활 속에서 집중력을 제대로 활용하여, 자신이 마음먹고 시작한 일에서 성공을 이루는 사례는 언론이나 다양한 매체에서 매우 흔히 찾아볼 수 있다.

집중에 대한 잠재력은 누구에게나 존재한다. 다만 어디에 집중하느냐가 다르기 때문에 결과가 달라지는 것 뿐이다. 온라인 게임에 하루 종일 매달려 있다가도 제대로 된 목표 의식을 심으면 초집중 상태로 공부할 수 있다. 개인 심리 상담을 요청한 내담자 중에서 게임중독자가 될 정도로 온라인 게임 속 세상에 빠졌던 수험생이 있었다. 나는 상담 기간 동안 그 학생에게 인생의 가장 중요한 가치들을 내면화시키는 데 집중했다. 몇 차례의 상담 결과 게임 의존도가 현저히 줄어들었으며 전반적인 생활태도와 학습 집중도가 많이 개선되어 원하는 명문대에 합격할 수 있었다.

일반적으로는 자신이 하고자 하는 일에 대해서 스스로 적당한 정신적 긴장을 꾸준히 유지할 수 있어야 집중해서 일을 시작하는 데 도움이 된다. 성격이 지나치게 느긋한 사람은 집중하는 데 어려움을 겪을 수밖에 없다. 평소에 위기감이나 긴장감이 전혀 없기 때문이다.

그렇다면 적절한 긴장감을 유지하기 위해서는 어떻게 해야 할까? 먼저 '초집중 상태'를 인식해야 한다. 초집중으로 원하는 것을 모두 이룰 수 있음을 인식하고, 계속 초집중에 대한 실천을 하려고 노력하면서 적절한 긴장 상태를 스스로 만들어 나가는 것이다.

또한 현실적인 상황을 의식적으로 생각해야 한다. 시작 전에는 시험이나 업무를 준비할 시간이 많은 듯 보이지만, 실천을 위한 세부적인 계획을 세워보면 시간이 부족하다고 느끼는 경우가 더 많다. 그래서 계획 없이 사는 사람들은 처음 시작하는 시점부터 집중하지 못하고 막연한 마음으로 헛된 여유를 부리다가 막판에 몰려서 허둥지둥거리다가 포기하고 만다. 때를 놓치지 않고 움직이려면 자신이 느끼는 것보다 한 박자 먼저 움직여야 한다. 시간에 여유가 조금 남아 있다고 느껴질 때가 골든타임이다. 산불이 멀리 있다고 해도 산불이 나에게 다가오는 속도를 미리 따져보고 먼저 대비하지 않으면 늦게 된다. 먼 산의 불을 보고도 불기운을 피부로 느낄 수 있어야 한다는 말이다.

시험을 준비하면서 막연하게 아직 시간이 많이 남아있다고 생각하면 오산이다. 원하는 점수에 도달할 때까지의 계획표를 작성했다면 당장 오늘 해야 할 구체적인 행동을 실행하고, 지금 이 순간에만 초집중하여 노력을 실천해야 한다. 1년에 책 50권을 읽겠다고 생각하지 말고 오늘 당장 책 50쪽을 읽어라. 잠들기 전까지 어떻게 하든지 오늘 분량을 완수하겠다는 각오가 있어야 한다. 오늘 할일을 다 하지 못하면 다시는 그 일을 할 시간이 없다. 내일은 내일 할일들이 기다리고 있기 때문이다.

초집중의 경지에 오르기 위해서는 어떤 마음가짐을 가지는 것이 도움이 되는지 두 가지를 소개하겠다.

첫째, 목표 달성에 대한 '확신감'이다.

시험을 준비하고 있다면 반드시 먼저 '하면 된다'라는 생각을 무의식에 갖추어야 한다. 공부에 꾸준히 집중하면 할수록 확신감은 더 강해진다. 시험 합격의 성패는 무의식에 '하면 된다'라는 생각이 누가 더 단단하게 자리 잡혀 있는가 정도의 차이일 뿐이란 것을 알아야 한다.

둘째, 목표를 이루기 위한 '절박함'이다.

강한 집중력은 절박해야만 나올 수 있다. 시험에 절박한 사람만이 필사적으로 공부할 수 있다. 반드시 시험에 합격해야 하는 이유와 필요성을 자신의 무의식에 먼저 충분히 새길 수 있어야 절박한 마음이 유지될 수 있다. 자신이 목표를 이루었을 때 얻게 되는 그 기쁨과 희열을 매일 잠깐의 시간(5분 정도의 시간이라도 좋다)이라도 내어서 반복적으로 상상하고 떠올리다 보면 목표를 꼭 이루고 싶은 간절함과 절박함이 생긴다.

합격의 꿈을 단 한 번 말하고, 가끔 떠올리는 것으로는 절대 당신의 무의식이 받아들일 수 없다. 특히 밥을 잘 먹고 따뜻하게 잘 수 있는, 생존에 위협이 전혀 없는 편안한 환경에서 공부하고 있다면 더더욱 그렇다. 막연하게 바라지 말고 구체적으로 원하는 것을 이루었을 때 어떤 감정이 들고 어떤 삶을 살게 될 것인지 더 확실히 떠올리고 느낄 수 있도록 계속 반복하고 훈련하면서 스스로 집중도를 높여 초집중 상태로 매진하길 바란다.

상상은
논리를 이긴다

성공한 사람들은 상상을 매우 중요하게 생각하며, 수시로 원하는 것을 떠올리고 상상하기를 즐긴다. 상상은 매우 큰 힘을 가지고 있다. 그러나 보통 사람들은 상상의 힘을 믿지 못한다. 보통의 사람들에게 거대한 꿈이나 상상한 내용을 말하면 '그건 말도 안 되는 소리다', '그건 네가 할 수 있는 게 아니야', '너는 정말 꿈도 야무지구나' 등의 볼멘소리가 들려온다. 그들은 논리적으로 말이 안 된다고 하면서 꿈 같은 소리 그만하고 논리적으로 살라고 훈계한다. 그런데 이것은 한 편의 블랙코미디라고 할 수 있다.

어떤 일에서 '논리'와 '상상'이 부딪히면 무엇이 승리할까? 정답은 상상력이다. 그것이 우리가 원하는 일이든 원치 않는 일이든 상관없다. 잠을 자려고 애를 쓰면 쓸수록, 누군가의 이름을 생각해 내려고 하면 할수록, 웃음을 참으려고 하면 할수록, 장애물을 피하려고 하면 할수록(스스로가 할 수 없다고 상상하면), 눈은 점점 초롱초롱해지고, 그 사람의 이름은 더 모호해지고, 웃음은 더욱 터져 나오고, 장애물은 점점 더 다가온다. 우리의 생각과 행동을 관장하는 힘은 의지보다 상상이 훨씬 더 강하다. 무의식의 메커니즘에서 보면, 의지를 더 갖도록 충고하는 것은 심각한 실수를 저지르는 것이다. 우리는 상상을 더 잘하는 훈련을 해야 한다.

논리가 중요하지 않다는 것이 절대 아니다. 논리와 상상이 충돌할 때마다(사람들이 '이상과 현실 사이의 괴리'라는 표현을 쓰는 상황을 생각하면 된다). 왜 상상이 논리를 이길 수밖에 없는지 제대로 설명할 수 없으면, 자신의 의지대로 결코 살 수 없다는 것을 이야기하는 것이다.

자, 우리 정신 영역을 생각해보자. 우리 정신의 10%는 의식이며, 90%나 되는 대부분의 영역이 무의식이다. 인간은 10% 영역의 의식으로 '난 할 수 있어'라고 생각해도, 만약 90% 영역의 무의식에서 '아니야. 난 절대 할 수 없어'라고 생각한다면 그 무의식의 생각에 이끌려서 절대 할 수 없게 된다. 그래서 무엇을 제대로 해내려면 반드시 무의식을 자신의 적군으로 방치하면 안 되며, 자신의 아군으로 작동할 있도록 먼저 만들어 놔야 하는 것이다.

대부분의 수험생들이 '공부는 어렵다'라고 생각한다. 하지만 이런 생각으로 공부하면 절대 성적이 비약적으로 오를 수 없다. 학업 성취도를 높이려면 90% 영역의 무의식에서 '성적을 올리는 것은 당연히 가능하다'라는 생각이 지배적으로 자리매김되어 있어야 한다. 수험생들은 이런 원리에 대해 미처 알지 못하기 때문에 무의식이 자신의 적군으로 작동되는 상태로 공부를 지속해 나가는 것이다. 그래서 공부하려고 마음을 다잡아봐도 의지는 매번 무너지고 늘 작심삼일 하고 만다.

인간의 정신의 90%나 차지하는 그 중요한 무의식은 언제나 상상을 동반해서 외부로 발현된다. 그리고 10%의 의식은 논리를 통해서 발현된다.

무의식의 언어는 '상상력'이며,

의식의 언어는 '논리'이다.

이것을 완전히 머릿속에 입력해두어야 한다. 아무리 최고의 선생님에게 배우고 공부 시간을 확보해서 논리적으로는 성적을 높일 수밖에 없는 환경을 만들어주더라도(의식 영역), 머릿속에서는 자신이 대학에 떨어지는 것을 상상하거나 시험을 망치는 모습들을 떠올리면(무의식 영역) 아무 소용이 없다. 여기서 주의할 점은 자기도 모르게 이런 안타까운 상상을 한다는 점이다.

자신도 모르게 부정적인 상상을 하는 사람들이 부지기수다. 자신을 망치는 상상을 지속적으로 하고 있는 것이다. 너무나 안타깝지 않은가? 사업도 마찬가지다. 어릴 적부터 '사업을 하면 패가망신한다', '사업은 성공하기 힘들다'. 이런 암시들을 수없이 듣고 자라면, 무의식은 사업에 대한 부정적인 신념으로 가득차고 만다. 그래서 사업을 시도조차 할 수 없는 상태로 살아가거나, 사업을 해도 무의식적으로 부정적인 마인드가 생각과 행동을 지배하면서 자신의 무의식적 신념대로 아무리 노력해도 얼마 못 가서 망해버리는 것이다. 이처럼 사람들은 자기도 모르게 해왔던 부정적인 상상대로 자신의 삶을 만들어 가고 있다. 무의식은 언제나 의식을 이긴다. 상상은 언제나 논리를 이기고 만다.

즉, 우리의 무의식은 우리 몸 각 부분의 기능을 지배함은 물론, 우리의 모든 행동(그것이 무엇이든)을 지배한다. 상상이 바로 우리의 의지를 뛰어넘어서 늘 우리를 움직이게 하는 것이다. 어쩌면 우리 인간은 무의식의 언어가 되는 상상의 조종을 받는 꼭두각시에 불과할 수도 있다. 무의식을 다루는 법을 배우고 올바른 상상을 할 때 비로소 꼭두각시 역할을 멈출 수 있다. 우리가 성장하면서 주변으로부터 받은 암시와 지식의 수준으로 이미 우리의 무의식 속 상상의 흐름은 정해진다. 하지만 다행스럽게도 그 상상의 흐름을 '자기암시'를 통해 점진적으로 바꿔나가는 것이 가능하다.

자기암시를 설명할 때 꼭 알아야 할 사람을 소개한다.

에밀 쿠에는 1857년 프랑스의 트로와(Troyes)에서 태어났다. 약사였던 쿠에는 찾아오는 환자들을 통해 우연히 '위약(僞藥) 효과'라고 불리는 플라시보 효과를 확인하게 되고, 이를 더욱 발전시켜 자기암시(Autosuggetion)라는 자신만의 암시 요법을 창안했다.

'나는 날마다, 모든 면에서, 점점 더 나아지고 있다.'
Day by day, in Everyway, I am getting better and better.

이 문구로 더욱 유명한 에밀 쿠에의 자기암시 요법은 인간의 자아를 의식적 자아와 무의식적 자아로 구분하고, 의식적으로 무의식적 자아를 조절하고 유도하여 수많은 사람의 몸과 마음의 병을 치료하는 요법이다. 에밀 쿠에는 자기암시를 실천해서 큰 효과를 본 환자들에게는 존경의 대상이었지만, 당시 프랑스의 의학계와 학계에서는 큰 조롱을 받았다. 훗날 프로이트, 융, 아들러 등의 심리학자들의 등장으로 심리학 이론이 정립되고 무의식과 관련된 연구가 활발해 지면서 쿠에의 자기암시도 재조명되고 널리 알려지게 되었다.

자기암시는 왜 해야 할까? 자기암시를 왜 꼭 해야만 하는지 과학적인 실험을 예시로 들어 설명하겠다.

NASA(미항공우주연구소)에서 우주인이 무중력 환경에서 장시간 노출되는 경우 공간 및 방향 감각의 상실이 심리적으로 어떠한 영향을 주는지에 대해 알아보는 실험을 시행했다. 실험 대상자들에게 눈에 비치는 모든 상이 180도 뒤집어져 보이게 하는 특수 제작한 안경을 쓰게 했는데, 실험에 참가한 사람들은 하루 24시간 내내 안경을 착용해야만 했고, 심지어 잠을 잘 때도 이 안경을 벗지 못하도록 실험 상황을 설계했다.

그 후 일정 기간 동안 실험 대상자들에게 어떤 일이 일어나는지 관찰했는데, 실험 대상자들의 혈압 및 기타 생체 상태를 나타내는 수치에서 극도의 스트레스를 받고 있음을 확인할 수 있었다. 높은 불안과 어려움을 호소했던 사람들은 점차 시간이 흐를수록 스트레스에 적응해가는 모습을 보였으나, 눈에 보이는 모든 세상이 거꾸로 뒤집어져 있는 상태였기에 괴로움은 여전히 남아있었다. 그런데 실험이 시작된 지 27일째가 되자, 한 사람이 "세상이 똑바로 보여요"라고 보고했다. 여전히 특수안경을 낀 상태였지만 거꾸로 뒤집혀 보이던 세상이 다시 똑바로 보이기 시작한 것이다. 하루하루 지날수록 실험에 참가한 모든 사람들에게도 같은 현상이 일어났다.

도대체 어떻게 된 것일까? 낯선 정보가 27일 이상 지속적으로 입력되자 뇌가 신경회로의 배선을 새로 조정하여 입력된 시각 및 공간의 정보를 180도 뒤집어서 인식할 수 있도록 만들어 버린 것이다. 이 실험에서 알 수 있는 것은 기존의 상황과는 완전히 다른 새로운 지각 정보가 30일 정도 꾸준하게 주입될 때, 무의식적인 뇌는 새

환경에서 적응해야 함을 인정하고 그에 필요한 힘과 능력을 계발해 낸다는 것이다. 이것이 바로 지속적이고 반복적인 자극이나 암시를 통해 발현되는 인간의 잠재능력이다.

이런 신기하고 대단한 두뇌의 능력은 이 글을 보는 인간이라면 누구에게나 있는 능력이다. 문제는 이런 두뇌의 대단한 능력이 어떤 상황에서 만들어지는지를 철저하게 인식하고 활용할 수 있어야 한다는 것이다.

'영웅은 난세에 태어난다'라는 말이 있지만 사실 영웅은 난세에 '태어나는' 것이 아니라 난세에 '만들어지는' 것이 정확한 표현이다. 영웅은 왜 난세에 만들어지는가? 인간이 견디기 힘든 상황이 장기간 계속 지속되었기 때문이다. 그 와중에 영웅이 될 사람은 포기하지 않고 힘든 상황을 극복해 내려는 노력을 계속했기에, 두뇌가 결국 그러한 어려운 상황을 타개할 수 있는 힘과 능력을 생성시킨 것이다.

NASA 연구에서도 마찬가지다. 안경을 중간에 빼지 못하는 상황을 확실히 만들어줬기 때문에 두뇌가 힘들고 낯선 상황에서 벗어나야 할 동기를 갖게 되고 새로운 능력을 만들어낸 것이다. 이렇듯 힘든 상황이 소위 '빼도 박도 못하게' 지속되어야지만 비로소 두뇌는 새로운 능력을 만들어낸다. 바로 이것이 우리가 무엇을 하든 처음에는 힘들고 낯설더라도 포기하지 않고 지속적으로 꾸준하게 수행해야만 하는 이유다. 삶에서 꾸준하게 지속하는 힘을 갖추지 못한 사람은 소중한 뇌의 능력을 전혀 사용하지 못하는 사람인 것이다.

우리가 사는 지금 이 세상이 과연 난세인가? 설마 '네'라고 답한 사람이 있다면 정신을 바로 잡아야 한다. 세 끼 식사를 챙겨 먹으면서 공부에만 집중할 수 있는 세상은 난세가 아니다. 그럼 난세가 아니니까 영웅은 태어나지 못하는 것인가?

지금 우리가 사는 세상이 난세는 아니어도 영웅은 될 수 있다. 스스로를 확실하게 통제하는 습관을 갖춘 자는 가능하다. 이런 면으로 생각해보면 수험 기간은 영웅이 되기 좋은 환경일 수 있다. 오직 공부에만 온 정신과 시간을 쏟아 붓는 것이 가능하기에 성적이 비약적으로 오르는 시험의 영웅들이 있는 것이다.

신념을 가지고 매일 아침저녁으로 긍정적 자기암시를 1년 이상 꾸준히 외쳐온 사람이 있다. 이 사람의 두뇌는 그에게 필요한 새로운 잠재 능력을 발현시켜줄 것인가? 그렇지 못할 것인가? 당연히 발현해낸다. 이것은 진리이지만 반드시 실천으로 옮겨야만 느낄 수 있게 되고 큰 성취도 이룰 수 있게 된다.

일류 선수는 몸이 피곤하거나 집중력이 떨어질 때 자신의 컨디션을 다시 최고로 끌어올리는 자기암시를 적극적으로 활용한다. 특정 행동에 강력한 의미를 부여하면서 실제로 그 행동이 정신력을 회복하는 효과를 발휘하고 긍정적인 결과를 이끌어낸다.

시험을 준비하면서 하루에 10시간 이상 책상에 앉아서 공부하는 수험생들에게도 이 이론은 똑같이 적용된다. 최상위권의 학생들은 오랜 시간 공부하면서도 정신의 흐트러짐을 최소화하고 초집중 상태로 공부한다. 이것이 가능한 이유는 최상위권의 학생들은 고도의 몰입이 필요할 때마다 자신만의 방법으로 굳은 다짐을 몸과 마음에 강력하게 새겨주는 긍정적 자기암시를 시행하고, 이러한 특정 행동이 공부하는 동안 지치지 않고 지속적으로 초집중 상태를 유지할 수 있도록 돕는 것이다. 반면에 확고한 신념과 긍정적 자기암시가 없는 사람은 수시로 무의식적 잡념에 빠져들면서 귀한 시간을 허비한다.

시간 낭비 없이 맹렬하게 제대로 공부하려면 매 시간별로 자신에게 의미 있고 힘이 되는 암시를 하라. 3장 '최적의 루틴을 만드는 6개의 문장'을 시간별로 중얼거리면서 매번 각오를 새롭게 다져라. 이 문장을 반복해서 두뇌가 완전히 이 사실을 당연하게 받아들이게 되면, 자신의 능력을 제대로 발휘할 수 있고 성적도 비약적으로 상승하게 된다.

나의 강의를 들었던 모든 사람들에게 항상 자기암시의 중요성을 인식시키고 삶에서 실천하도록 독려해왔다. 자기암시를 확실하게 꾸준히 실천한 사람들은 그들이 갖고 있던 문제를 대부분 해결하고 정말 모든 면에서 더 나아지는 모습을 증명하였다. 자기암시의 효과가 얼마나 큰지 지속해서 해보지 않은 사람들은 그 효과와 놀라운 힘을 평생 알 수 없다. 인간의 정신 영역은 실로 대단하고 위대한 것이다.

오늘부터 자신의 성적을 최대치로 올리고 싶다면 당장 자신만의 긍정 암시를 활용하여 매시간 자신의 정신을 통제하라. 이것은 인간의 정신영역의 원리에 입각한 매우 효과적인 방법이며, 실천으로 옮겨야만 의미가 생긴다. 이 글을 읽는 여러분이 자기암시의 놀라운 힘을 하루 빨리 경험하기를 바란다. 긍정적이고 목표지향적인 상상과 자기암시는 건강한 무의식을 형성하는 필수 조건이다.

상상을 현실로 바꾸려면
두뇌의 특징을 알아라

'내가 상상하면 현실이 된다.'

한 번쯤 이 말을 들어본 적이 있을 것이다. 하지만 잘 생각해보면, 자기가 상상한 것을 현실로 이룬 사람은 소수다. 상상은 누구나다 하는데, 그 상상을 실제로 이룬 사람은 별로 없다. 왜일까? '내가 상상하면 현실이 된다'라는 말 자체가 완벽한 문장이 아니기 때문이다. 근데 시중의 많은 자기계발서들을 보면 VDR이 나온다. V(vivid, 선명한), D(dream, 꿈), R(realization, 현실)이다. 즉, 선명한 꿈을 꾸면 현실이 된다는 거다.

상상한 것을 현실로 이루려면 인간 두뇌의 특징에 대해 알아야 할 필요가 있다. 아래 두 가지를 살펴보자.

첫째, 인간의 두뇌는 실제와 상상을 구별할 수 없다.

지금 눈을 감고 샛노란 레몬을 떠올려보자. 입안에 곧 침이 고이는 것을 경험하게 될 것이다. 실제가 아닌데 우리 두뇌는 상상에 반응하는 것이다.

아우슈비츠 수용소 생체실험 중에 이런 실험이 있었다. 수용자의 손목 동맥을 칼로 끊어 과다출혈로 인해 죽어가는 과정을 끝까지 다른 수용자들이 지켜보게 했다. 이것을 목격한 수용자를 이후 독방에 가둬 놓고 안대를 씌우고 의자에 묶어 놓은 채 칼등으로 손목을 긋고 자신의 피처럼 오인하도록 손목에 따뜻한 물을 흘려 보냈다. 그러자 그 수용자는 신체에 아무런 변화가 없음에도 불구하고 실제 동맥이 잘려 죽었던 사람의 신체적 반응과 유사한 반응을 보이며 쇼크사했다. 이 실험 역시 인간의 두뇌는 실제와 상상을 구별할 수 없다는 특징을 증명한 것이다.

인간의 두뇌가 상상과 실제를 구별할 수 없다는 것은 사회적 양극화를 만들어내는 주범 중 하나다. 인터넷이 발달하면서 게임 중독, 유튜브 중독 등 다양한 중독이 생겨났다. 특히 게임 중독자는 게임을 실제처럼 느끼기도 한다. 과거에 존재했던 게임은 실제가 아니라는 사실을 쉽게 인식할 수 있었지만 최근에 나오는 게임은 하루 종일 초집중 상태를 만들 수 있을 정도로 무의식적 영향력이 강력해졌다. 엄청난 기술과 그래픽 카드의 발전으로 실제와 같이 정밀하게 묘사되고, 장엄한 사운드에 탄탄한 스토리가 펼쳐진다. 또한 가

상체험(virtual reality)까지 가능해지면서 점점 게임이 실제보다 더 현실처럼 느껴지기도 한다. 인생에 대해 제대로 된 정의와 개념조차 명확하게 알지 못하는 사람들이 이런 게임에 빠져들게 되면 게임 속 세상이 곧 인생이 되어버리는 것이다. 기업들은 이것을 상업적으로 계속 이용한다. 초집중의 매커니즘을 활용해서 게임을 보다 자극적으로 만들고 게임하면서 돈을 엄청나게 쓰도록 만들 수도 있다. 특히 롤플레잉 같은 역할 수행 게임은 실제와 상상을 구별할 수 없는 두뇌의 특징을 최대로 활용하는데, 게임에서 부여된 역할에 심취하면서 자기가 그 캐릭터인 줄 착각하고 완전히 중독되어 버린다. 이렇게 인간의 두뇌 특성을 활용해 게임을 개발한 자는 돈 방석에 앉게 되고 자본주의에서 성공을 거두지만, 이런 지식이 전혀 없는 자들은 게임의 노예가 되는 것이다.

지금 상상과 실제를 구별하여 활용하는 자가 있고, 상상과 실제를 구별하지 못해 더 많은 피해를 입는 자가 있다. 이런 차이로 인해 빈부격차는 더욱 극심해진다. 기술은 계속 진보하기 때문에 다음 세대에는 그 격차가 더 심해질 것이다. 인생은 고도의 집중과 몰입 상태를 더 멋있게 잘 만들어내는 과정이라는 걸 완전하게 인식하지 못한다면 앞으로는 정말 게임이나 말초신경을 자극하는 것에만 몰두하는 수동적인 인생을 살아갈 수밖에 없을 것이다. 올바른 신념과 인간관에 대한 모든 것들은 후대를 위해서도 매우 중요하다. 그만큼 확신을 갖고 그걸 활용하는 존재가 되어야 한다.

영화 「엑스페리먼트」를 보면, 실직자나 노숙자들을 모아 14일 동안의 심리학 실험연구에 참여하면 큰 돈을 주겠다고 한 후에 그들이 지낼 교도소 세트를 짓는다. 교도소 세트장에는 사람은 없고 무인 카메라만 계속 돌아간다. 그리고 실험 참가자에게 절반은 교도관, 절반은 죄수의 역할을 부여하고 롤플레잉 실험을 시작한다. 처음에는 서로 민망한 웃음을 짓고 어색해 했지만 하루하루 지날수록 모인 사람들은 자신의 역할에 몰입하기 시작한다. 그러다 점점 서로에 대한 증오심이 극에 달하게 되고 일주일 정도가 지나자 서로를 죽이고 통제할 수도 없는 상태로 치닫는다.

인간의 두뇌는 실제와 상상을 구별할 수 없다는 특성을 소재로 만든 섬뜩한 영화였다. 자신의 역할에 대한 올바른 정체성이 형성되지 않은 사람들에게 역할을 부여하면 속수무책으로 빠져들 수밖에 없다는 뜻이다.

이러한 두뇌의 특성 때문에 인간은 본능적으로 상상하기를 좋아한다. 인간은 누구나 어릴 적에 멋지고 대단한 상상을 한다. 스케일이 큰 상상도 거침없이 하고 "나는 커서 대통령이 될 거야", "나는 위대한 과학자가 될 거야" 등의 큰 꿈도 갖는다. 하지만 시간이 지날수록 점차 주변에서 방해하는 사람들이 생겨난다. 그들이 하는 말은 언제나 "그건 현실적으로 말이 안 돼"라는 식이다. 사람은 자신이 이뤄내지 못한 것은 남들도 할 수 없다고 믿는 경향이 있기 때문에 대부분 현실적으로 불가능하다라는 말을 할 수밖에 없다. 이렇게 대부분의 사람들은 상상을 가치 없는 것으로 인식하고 점차 멀리하기 시작한다.

눈 앞에 항아리가 있다고 가정해보자. 항아리 안에 큰 돌을 3개 넣었다. 그럼 다 넣은 것인가? 작은 돌도 넣을 수 있지 않은가? 작은 돌도 여러 개 넣었다. 그럼 더 넣을 순 없나? 모래를 꽉 채워넣을 수 있다. 그럼 다 채워진 건가? 더 넣을 것은 없나? 물도 조금 넣을 수 있다. 자, 무엇을 말하고 싶은 것일까? 항아리를 다 채운 것 같지만 계속 생각하다 보면 더 넣을 것이 있다는 당연한 이야기가 아니다. 항아리 속에 처음부터 큰 걸 채워넣지 못한다면, 나중에는 절대로 큰 돌을 넣을 수 없다는 교훈을 말하고 싶었던 것이다.

인간의 생각도 마찬가지다. 어린 시절부터 거대한 상상을 계속하는 습관을 갖추지 못한 자는 모래알 같은 상상으로 정신의 공간이 다 채워질 것이기 때문에 큰 생각이나 상상이 들어갈 공간이 남아있지 않게 된다. 큰 목표를 세우고 그것을 이룰 수 있는 지식을 쌓아가면 되는데, 그것을 하지 못한 사람들의 현실을 자신의 삶에 그대로 받아들이면서 발전이 없는 자잘한 상상이나 하게 된다. 더 이상 거대한 상상은 들어갈 자리가 없어지게 된 것이다. 인간의 두뇌가 실제와 상상을 구별할 수 없다는 사실은 우리의 인생에서 큰 의미를 갖는다. 사람을 만날 때 이런 특성을 활용할 수 있어야 한다. 남들이 원하는 것을 상상하게 만드는 것이 동기를 유발하는 거고, 사

128
초집중의 힘

람들을 상대로 설득을 하고 사업을 할 때도 상대의 상상을 얼마나 효율적으로 활용하고 통제해낼 수 있는가에 따라서 승패가 결정나는 것이기 때문이다.

긍정적인 상상을 멈추지 마라. 인간은 죽을 때까지 계속 무의식적으로 생각하고 상상하며 살아간다. 인간이 상상하지 않는 순간은 죽음에 이르렀을 때에나 가능하다.

둘째, 미래 기억들은 전두엽에 저장된다.

과거 기억이라는 말은 존재하지만, 미래 기억이라는 말은 없다. 그렇다면 미래 기억은 무엇일까? 내가 정의하는 '미래 기억'이란 미래의 특정시점에 분명하고 확실하게 일어날 수밖에 없다고 확신하는 장면이 마치 실제의 기억처럼 생생하게 떠오르는 상태를 의미한다. 즉, '강렬한 초집중'으로 이미지를 반복적으로 상상하면서 실제처럼 믿어질 정도로 무의식에 받아들여진 기억이다. 무의식의 언어인 상상력으로 성공한 자신의 모습을 새겨 넣으면 초집중 상태에서 떠올린 그 이미지들이 마일리지 쌓이듯이 전두엽에 누적되고 있는 것이다.

이 두 가지 두뇌 특징을 종합적으로 정리하자면, 우리가 상상한 이미지를 전두엽에 저장하면, 그것을 두뇌는 실제로 인식하게 된다는 것이다. 이러한 이유 때문에 우리는 어릴 적에 상상을 자주하며 즐거워했고, 역시 나 또한 10대 때에는 상상을 즐겨 했지만 무의식과 상상에 대해 무지했던 평범한 주변 어른들로부터 현실을 받아들이라는 부정적 암시를 받으면서 잠시 평범하고 작은 일상들만 상상하게 된 적이 있었다. 하지만 성공에 대한 열망은 사그라지지 않았기에 성공한 사람들의 책을 읽기 시작했고 그들이 공통적으로 상상의 중요성을 입을 모아 강조한다는 사실을 알게 되었다. 그때부터 주변에 평범한 사람들의 말을 차단하고 위대한 자들이 말하는 상상의 힘을 믿기로 하고 계속 내가 원하는 것을 얻는 상상을 해나간 것이다.

힐튼 호텔을 만든 콘래드 힐튼은 벨보이로 일하다 세계적인 호텔 경영자가 되었다. 콘래드 힐튼은 젊은 시절 가난했지만, 자신의 방에 호텔 사진을 붙여놓고 그것을 만들고 경영하는 상상을 하루에 30분 정도 진이 빠질 정도로 했다고 했다. 그가 자신의 꿈을 이루고 난 뒤, 자기 지인과 가족을 만날 때마다 입버릇처럼 하던 말이 있다.

"나와 보통 사람들과의 차이점은 강력하게 상상할 수 있는가, 없는가의 차이일 뿐이다."

훗날 세계적인 명품화장품 브랜드를 만든 에스티로더 역시 가난한 집에서 태어났다. 그녀는 미용실 보조 일을 하다가 부잣집 부인에게 옷이 얼마냐고 물었는데 "너는 죽을 때까지 벌어도 못 살 가격"이라는 말을 듣고 충격을 받았다고 한다. 그녀는 "어떤 누구도 나에게 이런 소리를 못할 것이고, 나는 돈을 물 쓰듯이 쓸 것이고, 돈이 넘쳐날 것이다"라고 말했고, 그 말은 실제로 이루어졌다. 그녀는 생애 동안 4조 원 정도의 돈을 벌었다. 에스티로더는 자서전에는 이런 말을 남겼다.

"원하는 당신 삶의 모습을 강력하게 시각화하세요."

두 사람 모두 결국 얼마만큼 강력하게 원하는 것을 상상하면서 그것을 얻기 위해 초집중하며 노력했는지가 인생을 바꾼다는 것을 강조하고 있다. 세계적인 영화감독 스티븐 스필버그는 13살 때 이미 할리우드 감독이 되어서 영화시상식을 휩쓸고 있는 자신의 모습을 봤다고 했다. 1994년 개봉한 영화「마스크」로 할리우드 톱스타 반열에 오른 짐 캐리도 마찬가지다. 가난한 무명배우였지만 매일 집 근처 야산에 올라 세계 최고의 배우가 되고 부자가 되는 자신의 모습을 상상했고 지갑에 항상 1,000만 달러 가짜 수표를 넣어두고 영화 한편 당 자신이 받게 될 금액이라 상상했던 것이다. 이처럼 성공한 사람들은 모두 입을 모아 상상의 중요성을 강조한다.

물론 원하는 걸 상상하다가 막상 눈을 딱 떴을 때는 눈앞의 현실은 상상했던 현실이 아닐 것이다. 하지만 이렇게 강렬한 상상이 계속되면 결국에는 전두엽에 미래 기억이 쌓이게 되면서 어느 순간 눈을 뜨게 되면, 그때부터는 눈앞에 보이는 현실이 더 이상 현실이 아닌 것으로 느껴지게 된다. 그리고 진정한 현실은 전두엽에 들어가 있는 미래의 장면이라고 실제로 믿게 되면서 눈을 떴을 때 보이는 비현실을 상상했던 모습으로 바꿔나가는 실전적인 행동을 해나가는 것이다.

20대의 나 또한 아버지의 빚 2억 원이 나의 현실이 아니라, 이미 스승이 된 모습, 학원에서 제자들을 지도하면서 보람있게 일하고 경제적 자유를 누리며 행복하게 살고 있는 상상 속의 그 모습을 현실처럼 느끼게 되면서, 상상대로 실제의 삶을 바꿀 수 있었다. 존경심이 우러나오게 만드는 멋진 삶을 사신 모든 분들이 이와 같이 자신의 원하는 모습을 끊임없이 상상하고, 결국 그것을 이룰 수 있는 확신과 강력한 실행력을 갖추고 세상에 뛰어들어서 자신이 원하는 삶을 살아간 것이다.

그러니 일단 자신이 원하는 모습을 계속 떠올리고 상상하는 습관을 길러라. 그렇게 계속 원하는 삶의 모습을 떠올리면서 그것을 이루기 위해서 필요한 과정에 관한 지식들까지 확실하게 갖추어 나간다면 그것은 절대 망상이 아닌 꿈을 이루는 실질적인 자원이 되어 줄 것이다. 그러면 드디어 당신도 벅찬 마음으로 이렇게 말할 수 있게 된다.

"내가 상상하면 현실이 된다."

긍정적 자기암시를
습관화하라

수험생들은 자신의 하루를 점검해보자. 공부하면서 얼마나 많이 자기암시(혼잣말)을 했는지를. 공부하다가 잘 안 되면 "아, 어려워", "짜증 나네", "미치겠다", "지겨워" 등의 부정적인 자기암시들이 대부분을 차지하고 있지는 않은가? 게다가 주변 친구들이 역시 공부에 대한 부정적인 인식을 갖고 부정적 암시를 하고 있다면 그것에 큰 영향을 받을 수밖에 없다. 가령 "공부는 해도 안 돼", "성적이 쉽게 오르겠어?", "공부 몇 시간 하면 꼭 머리가 아프단 말이야" 등을 반복하고 있다면 부정적 신념이 무의식 속에 강하게 자리 잡게 된다. 이렇게 무의식에 공부에 대한 부정적인 인식과 두려움이 가득한 상태에서 공부를 제대로 할 수 있는 사람은 아무도 없다.

암시란 다른 이로부터 다른 이에게로 옮겨진 생각이다. 암시에 대한 정의를 명심하면 타인에게 암시를 받을 때도 영향을 최소화할 수 있고 부정적인 암시는 거를 수 있게 된다. 주변에서 언제나 좋은 암시만 받을 수 있다면 정말 축복받은 일이겠지만 일상 생활 속에서 좋은 암시만 받기는 쉽지 않다.

잘 생각해 보라. 주변에서 정말로 유익하고 의미 있는 암시를 꾸준히 하는 사람이 얼마나 있는지를 말이다. 아주 극소수만이 그럴 것이다. 스스로 좋은 암시를 하면서 자신의 정신을 올바른 방향으로 계속 강화시키려는 노력을 하지 않으면, 남들의 안 좋은 암시에 계속 영향을 받게 된다. 자기암시는 자신의 마음가짐(무의식)을 항상 의미 있게 유지하기 위해서 반드시 필요하며, 자기암시는 습관적으로 형성되어야만 한다. 그렇게 자기암시를 통해서 무의식이 통제가 되면 비로소 자신을 믿을 수 있고 어떤 일을 실행할 때 무의식에서 부정적인 생각과 불필요한 잡념에서 벗어날 수 있게 된다.

실제로 정신의 힘을 믿고 자기암시를 꾸준하게 이행한 제자들은 눈에 띄게 성적이 올랐고 스트레스 관리에 있어 큰 도움을 받았다. 자신의 마음가짐(무의식)을 항상 의미있게 유지하기 위해서 반드시 필요한 기본적인 실천이 바로 자기암시인 것이다.

나는 자기암시 구문을 외칠 때 제자들에게 아주 강력한 확신과 신념을 담은 목소리로 내뱉고 매일 꾸준히 하도록 독려한다. 자기긍정 암시문을 외쳤던 학생들은 시간이 지나면서 점차 성격도 밝아지고 성적이 올랐지만, 자기암시를 하는 것이 무슨 의미가 있냐며 그들을 조롱했던 학생들은 성적이나 생활 면에서 어려움을 호소하며 뒤늦게서야 심리 수업에 참여하는 경우도 많이 보았다. 그들이 늘 하는 말은 '조금 더 일찍 시작할 걸…'이었다.

긍정 암시를 습관화하기 위해서 암시 구문을 제대로 활용하는 법은 다음과 같다.

첫째, 자기암시는 '긍정형'으로 하라.

"나는 날마다, 모든 면에서, 점점 더 나아지고 있다"라는 말을 하루에 스무 번씩 되풀이하라. 이왕 자기암시를 시작할 것이라면, 이미 충분히 검증된 문장으로 하는 것이 좋다. 에밀 쿠에의 대표 문구인 "나는 날마다 모든 면에서 점점 더 나아지고 있다"는 많은 사람들이 이미 효과를 얻은 검증된 문장이니 믿고 시작해도 좋다. 단 몇 분밖에 걸리지 않지만, 하루도 빠짐없이 아침저녁으로 하다보면 1년이 되었을 때 당신의 두뇌는 전과 다른 상태로 업그레이드 될 것이다.

자기암시를 꾸준히 하다 보면 무의식의 길이 열린다. 한 문장을 꾸준하게 계속 되뇌다 보면 그 문장이 정말 무의식의 차원까지 깊게 새겨지게 되는데 이는 일종의 무의식으로 통하는 길이 만들어진 것이다. 이렇게 되면 책을 읽다가 좋은 문장을 보거나 누군가에게 감동적인 이야기를 들었을 때 전과 다르게 잠재의식에 깊고 강렬하게 들어가는 느낌도 받을 수 있게 된다.

처음 수험생들을 만나면 꾸준히 자기암시를 하는 사람이 있는지 손들어 보라고 하는데, 손을 드는 사람은 거의 없다. 가끔 손을 드는 사람이 있으면 어떤 문장인지 물어본다. 문장에 오류가 있는지를 확인하기 위해서다. 잠재의식의 속성과 법칙에 위배되지 않는 암시 구문으로 매일 외쳐야 하는 데 보통은 암시 문장 자체에 오류가 있는 경우가 많다. 가령 '나는 실수하지 않을 거야', '나는 시험이 두렵지 않아' 등이다. 이렇게 암시구문은 부정형으로 하는 것이 아니다.

잠재의식은 부정형을 이해하지 못한다. 시험장에서 '떨지 말아야지'라고 생각할수록 더 떨리게 된다. 어떤 것을 하지 말라고 말해봤자 잠재의식의 언어가 되는 상상력으로 시험장에서 떠는 모습을 자동적으로 먼저 떠올리기 때문이다. 부모들이 학생들에게 '오늘 시험 볼 때 떨지 말고 보렴'이라고 말하는 것도 이런 잠재의식의 속성에 대한 무지함으로 인해 발생하는 오류라고 보면 된다.

이 글을 보는 독자들 중에서도 자신이 자주 반복하거나 되뇌고 있는 문장, 혹은 결심할 때 외치는 말들 중에서 구조적인 오류가 없는지를 반드시 잘 체크해 보길 바란다. 암시 문장 그 자체에 오류가 있는 경우 그 암시를 아무리 많이 되뇌도 역효과가 나기 때문에 많은 사람들이 자기암시가 효과 없다고 말하는 것이다. 참고로 잠재의식의 기본 원리조차 잘 모르고 노력하는 사람이 정말 많기 때문에 어떤 시험이나 경쟁 상황에서도 너무 겁먹지 말고 자신감을 가지길 바란다. 수많은 사람이 밑 빠진 독에 물 붓기와 같은 공부를 하고 있다. 자신의 능력을 제대로 활용하고 초집중하여 공부하는 소수의 사람들만이 진짜 공부를 하고 있는 것이다. 표면적으로 보여지는 경쟁률에 위축될 필요도 없다. 경쟁률이 얼마나 높은지가 중요한 것이 아니라 누가 제대로 초집중하여 공부하는지가 중요하다. 자신의 계획과 원하는 목표가 담긴 긍정형의 자기암시 문장을 매일 떠올리고 외치면서 진정한 공부를 시작해야 한다.

둘째, 자기암시는 입으로 외쳐라.

자기암시를 하고 있다고 손을 들고 밝히고, 자기암시 문구에도 오류가 없는 사람에게 마지막으로 확인하는 것이 있다. 암시를 외칠 때 소리를 내서 하느냐 아니면 속으로 하느냐는 것이다. 대부분은 입으로 외치는 쪽보다는 속으로 하고 있다고 대답하는데, 과연 어느 쪽이 효과가 더 좋을까? 바로 입으로 소리내어 자기암시를 하고 있는 사람이다. 물론 자기암시에 대한 인식 자체가 없이 살아가는 사람(인식은 못하지만 이런 자들은 반드시 부정적인 자기암시를 계속하면서 살아간다)보다는 분명 낫겠지만, 소리를 내어서 제대로 하는 사람들보단 효과가 떨어지게 된다. 속으로만 하는 암시보다 입 밖으로 내뱉고 또 자신의 귀로 다시 확인하는 암시는 그 강도와 확신감에서 엄청난 차이가 생긴다. 그 격차는 시간이 지날수록 더욱 더 커질 수밖에 없다. 태권도 겨루기를 하는 상황을 생각해보라. 큰 소리로

"얍" 기합을 지르면서 힘을 쓸 때와 그냥 속으로만 '얍'하고 힘을 낼 때가 같은 힘이 나올까? 아니다. 전혀 다른 차원의 힘이 나온다. 그리고 이렇게 다른 습관이 반복되다 보면 처음에는 같은 에너지를 갖고 있었다 할지라도 시간 속에서 완전히 다른 존재로 살아가게 되는 것이다. 큰 소리로 기합을 지른 사람은 성취의 기쁨도 맛보고 지속적인 성장을 할 수 있겠지만 그렇지 않은 자는 어느 정도 하다가 그만 둘 것이 분명하다. 세상 모든 일이 그러하겠지만 스스로 힘을 만들고 끌어낼 수 있는 사람만이 성취를 이루게 된다.

자기암시를 지속해온 기간에 대해서 물어보기도 하는데, 대부분은 얼마 안 되는 기간이라고 답하고는 한다. 결론적으로 자기암시를 정말 제대로 하고 있는 사람들은 많지 않다. 그만큼 자기암시를 제대로 하는 경우에는 엄청난 차별화가 되는 것이다. 사람은 하루에도 오만 가지 생각을 한다고 한다. 무의식적으로 수많은 생각을 떠올리는 존재인 것이다. 그 생각 중에는 언제나 긍정적인 생각과 부정적인 생각이 혼재되어 있을 수밖에 없다. 누구나 처음부터 자신의 머릿속을 긍정적인 생각으로만 채울 수는 없는 것이다. 머릿속에 긍정적인 생각들이 항상 지배적으로 자리잡게 하려면 처음에는 누구나 의식적인 노력을 해야만 한다.

이 세상에 태어나면서부터 인간은 주변 사람들로부터 수많은 암시를 받을 수밖에 없다. 충분한 지식이나 올바른 준거가 없었던 어릴 적에는 무수한 암시 중에 무엇이 옳고 그른지, 가치가 있고 없는

지를 알 수 없다. 그러다 보니 자신의 의지와 상관없이 무분별한 암시가 내 정신을 물들여 무의식에 저장되어버린 것이다. 최대한 젊은 나이에 주도적인 삶을 살려면 본질적인 진리와 지식을 갖춰서 내 정신에 잡다하게 들어있는 부정적 암시들을 비워내고 좋은 암시로 바꿔줘야 한다. 나이가 들수록 관성의 법칙처럼 기존의 생각대로 계속 흘러가려는 경향이 강해지기 때문에 젊었을 때부터 올바른 신념을 갖추는 것이 중요하다.

이렇게 내 정신에 들어온 암시의 흐름을 긍정적으로 바꿔내는 것은 절대로 한 번에 되는 것이 아니며, 오랜 시간 동안 여러 번 반복해서 이행할 때만 가능한 일이다. 자기암시를 꾸준히 한다는 것은 세상에 존재하는 부정적 암시의 존재를 알아차릴 수 있는 지식이 뒷받침되어야 가능하며, 그것으로부터 자신을 슬기롭게 지킬 수 있는 습관을 형성했다는 것을 의미한다.

세상을 살다 보면 남들에게 자신의 소신이나 의견을 잘 말하는 사람들이 있는가 하면 눈치만 보면서 말을 못하거나 말해봤자 안 통할 것이란 생각으로 시도 자체를 안 하는 사람들도 많다. 타인에게 자신의 의견을 말할 수 있다는 것은 그 말의 내용을 이미 자신에게 충분히 말해왔고 스스로 그 말을 인정하게 되었다는 뜻이다. 그렇기에 세상에 자신을 알리고 영향력을 끼치는 삶을 살아가고 싶다면 남들에게 먼저 말하기 전에 그 내용을 자신에게 수없이 자주 말해왔어야 한다.

당신이 지금 남들에게 영향력을 크게 끼치지 못한 근본적 이유가 이렇게 자신에게 충분하게 주었어야 할 암시를 제대로 주지 못했기 때문이라는 것을 깨달아야 한다. 자신 스스로를 설득하지 못했는데, 타인을 어떻게 설득하고 마음을 움직일 수 있겠는가. 준비도 제대로 안된 상태에서 섣부르게 남들에게 영향력을 미치려고 하는 시도는 의미가 없다. 좋은 진리와 생각을 자기암시를 통해 충분히 잠재의식에 넣어준다면 남들에게 자신의 생각을 전달하는(타인에게 생각을 옮기는 것) 것이 얼마나 쉽고 재미있으며 의미 있는 일인가를 깨닫게 될 것이다. 반면에 자신에게 좋은 암시를 충분할 정도로 제공하지 못했을 때에는 결국 타인들로부터 잡다한 암시를 무분별하게 받아들일 수밖에 없는 수동적이고 괴로운 삶을 살아야 한다는 것을 알아야 한다.

의미있고 삶에 도움이 되는 긍정적인 자기암시가 습관처럼 잠재의식까지 들어가 있지 않은 경우에는 그 잠재의식의 공간을 반드시 부정적인 자기암시로 채우기 마련이다. 수험생 중에서도 항상 입버릇처럼 부정적인 자기암시를 하는 경우가 많은데, 가령 "피곤해", "힘들어", "지친다" 등이다. 이렇게 말하면서 실제로 자신의 힘을 스스로 감소시키고 더욱 지치게 만든다. 이런 사람들이 세상에 정말로 많다.. 어불성설의 행동을 하고 있다는 것을 스스로 인지하고 못한 채 살아가고 있는 것이다.

자기암시를 안 해도 될 정도의 경지에 올랐다는 것은 자신이 살아가는 이유가 무의식에 완전히 새겨져 있는 상태가 되었을 때라고 생각하면 된다. 자기암시는 자신이 왜 언제나 긍정적인 자세로 살아야 하는지를 잠재의식에 각인시키는 데 있어서 반드시 해야만 하는 기본적인 노력이라고 생각하고 실천해야 한다. 거창하게 지금 당장 남들에게 암시를 주는 사람이 되려고 하는 것보다 지금까지 많은 사람의 정신을 바꿔주는 데 효과적이었던 에밀 쿠에의 암시구문으로 자기암시를 먼저 제대로 실천해보라.

원하는 것을
스스로 결정하라

상상을 통제하지 못하면 원하는 것을 이룰 수 없다. 그렇다면 상상을 통제하려면 어떻게 해야 할까? 자신이 원하는 것에 대해 구체적으로 상상해야 한다. 이것이 실현되려면 정확하고 신뢰할 수 있는 지식을 갖추어야 한다.

인생의 목표가 분명한 사람들은 자신이 하고 싶고, 갖고 싶고, 원하는 것을 스스로 결정한다. 자신의 목표가 분명하게 느껴지기에 그 과정에 필요한 것들도 더 알아차리게 되는 것이다. 많은 사람이 자신이 원하는 것을 이루지 못한 중요한 원인 중에 하나는 자기가 원하는 것을 확실하게 결정하지 못했기 때문이다. 자신의 욕구와 바람을 확실한 세부 사항으로 정해놓지 않았다는 것이다.

사람들은 왜 자신이 원하는 것을 선명하게 그리지 못할까? 대부분 성인일 때보다 어린 아이였을 때 자신이 원하는 것을 더 잘 안다. 갓난 아이는 자신이 언제 배고픈지, 어떤 음식을 좋아하는지 알고 있고, 자신이 바라는 것들을 적극적으로 표현하는 데 문제가 없다. 자기가 원하는 것을 얻을 때까지 크게 울어대면서 얻고 쟁취한다. 젖을 받아 먹고, 기저귀를 갈게 하고, 사랑받게 만드는 모든 것을 내면에 갖고 있다. 좀 더 자란 뒤에는 호기심을 갖고 계속해서 다양한 것에 관심을 보이고 알아보려 한다. 이때의 아이들은 자기가 원하는 것을 분명히 알고 있고, 어떤 두려움 없이 그것을 향해 돌진했다. 그런데 그 과정에서 부모님을 포함한 어른들이 이렇게 말한다.

"그렇게 하면 안 돼. 거기서 나와."

"그건 네가 못해."

"어린 애처럼 울지 마. 부끄럽지도 않니?

"그건 네가 잘못한 거야."

좀 더 성장한 뒤에는 이런 말들도 듣는다.

"돈은 땅 파면 나오니? 돈 버는 건 힘든 거야."

"네 생각만 하지 말고 남들도 생각해라."

"네 능력을 고려해서 일해야지. 누구는 한때 꿈이 없는 줄 아니?"

"세상은 네가 바라는 대로 돌아가지 않아. 정신 차려."

이런 제재와 한계 섞인 암시를 받으면서 성장하는 동안 결국 자신이 진정으로 원하는 것이 무엇인지 정말로 바라는 것이 무엇인지

점점 더 모호해진다. 대신 주변 사람들이 우리에게 바라는 것을 생각하게 되고, 그 안에 갇혀서 사람들의 인정을 받기 위해 해야 할 일과 행동들을 배웠다. 그 결과 대부분의 사람들은 자신이 하고 싶지는 않지만 주변 사람들을 기쁘게 하기 위해서 노력하며 살아가고 있다.

부모가 바라는 의대에 진학한다든지, 남들이 많이 보는 시험을 준비한다든지, 부모가 바라는 배우자와 원치 않는 결혼을 하기도 하면서 말이다. 계속해서 다른 사람들의 생각만을 좇아서 살다 보니 정작 스스로의 욕망에는 무감각해진다. 그렇게 살아온 청년들에게 꿈이 무엇인지를 물어볼 때 "잘 모르겠는데요"라고 말하는 건 당연한 것인지도 모른다. 남들이 그들에게 '해야만 한다고 했던 것들'과 '더 나은 것이라고 지정해준 것들'이 그들이 정말로 원하고 바라는 것들 위에서 무겁게 짓누르고 있는 것이다.

그렇다면 어떻게 해야 억눌려 있는 진정한 자신과 자신의 욕구를 되찾을 수 있을까?

첫째, 모든 선택의 상황에 봉착할 때마다 자신이 진정으로 바라고 원하는 것을 선택해라.

모든 선택의 순간마다 그것을 가볍게 대충 선택하면 안 된다. 존귀한 자신에게 최고의 선택을 해주려는 진심 어린 마음을 갖춰야 한다.

"나는 어떤 것이든 상관없어."

"나에게는 이것이나 저것이나 똑같은 것 같아."

이런 말을 절대로 하지 마라. 어떤 선택의 상황에서든 그것이 아무리 사소하고 하찮은 것이라도 자신이 조금이라도 더 원하는 것을 선택하라. 그 선택이 모여 당신의 인생을 만든다. 당신의 꿈을 꺾는 말을 했던 자들은 그들이 원했던 것에 대해서 명확하게 인식하지 못한 상태로 살아간 사람들이고, 당신도 그들처럼 살아야 한다고 외치는 것이다. 그들과 다르게 행동해야 한다. 자신이 진정으로 원하는 바를 제대로 인식하면서 행동하고 선택하는 습관을 만들어야 그들이 준 쓸모없는 제약을 깨버릴 수 있다.

둘째, 자신이 하고 싶은 일들, 갖고 싶은 것들, 되고 싶은 것들을 적은 '버킷리스트'를 만들어라.

최소 10개에서 30개 정도면 좋다. 버킷리스트에 적은 것들을 입으로 소리내면서 그것을 이룬 느낌들을 떠올려보라. 이것이 습관이 되면 그 중에서 당신이 진정으로 원하는 것들을 찾아낼 수 있다. 그 부분들을 다시 추려서 적고 나서 항상 지니고 다니길 바란다. 버킷리스트를 적은 종이가 없어도 진심으로 자신이 원하는 것들을 분명하게 떠올리고 말할 수 있을 정도가 될 때까지 말이다.

사실 사람들이 자신의 욕망을 표현하지 못하는 이유는 자기가 정말로 하고 싶은 것으로는 생계 문제가 해결되지 않을 것이라는 무의식적 두려움이 존재하기 때문이다. 이미 성장해버린 어른들도 자신이 원하는 것을 하면서 살 수 없다는 무의식적 믿음을 형성하고 살아가고 있다. 자신도 모르게 같은 종류의 두려움을 자녀들의 정신에 일찍부터 심어주기도 한다. 하지만 이것은 잘못된 믿음이다.

세상에는 자신이 좋아하는 것으로 생계를 유지하며 사는 사람들도 많다. 더 정확히 말하자면 생계를 유지하는 정도가 아니라 돈에 대한 걱정이 전혀 없는 풍족한 삶을 살아가고 있다. 나도 내가 정말 좋아하는 일인 '남들의 정신적인 성장을 돕고 위대한 존재로 이끄는 것'에만 20년을 몰두했고, 첫해부터 억대 소득을 벌며 돈 걱정이 없이 원하는 삶을 살고 있다.

내가 정말 좋아하는 일을 하지 않았다면 돈 걱정 없이 행복하게 살 수 있었을까? 절대 아니라는 것을 분명히 말해두고 싶다. 정말 좋아하는 일을 하는 사람이야말로 경제적 자유를 얻고 행복한 인생을 살아갈 수 있다.

"제 주변에는 좋아하는 일을 하다가 사업에 실패하여 가난하게 사는 사람이 있습니다."

혹시 이 글을 보는 당신이 반론을 제기하며 이렇게 말할 수 있다. 그러면 나는 그 사람이 가난하게 살고 있는 이유를 정확히 알려줄 수 있다. 그 사람은 자신이 정말로 원하는 일이 아니었기 때문에 사업에 실패한 것이다. 당신의 눈에는 그 사람이 좋아하는 일을 하는 것처럼 보였겠지만 그 사람은 분명히 본인이 하는 일보다 더 관심이 가는 다른 일로 인해 사업에 집중하지 못한 것이다.

진정으로 좋아하는 일을 하는 사람들은 그것을 하면서 성공의 길을 찾는다. 이건 세상에 존재하는 일종의 법칙이며 순리인 것이다. 정말로 좋아하는 일을 찾은 사람들은 그 일에 스스로 완전히 고도의 집중과 몰입이 가능한 사람들이다. 그렇게 진심으로 좋아하는 일이 있는 자는 반드시 그것으로 타인들까지 집중시키고 몰입시킬 수 있는 방법을 찾아내고 그것을 위해서 온 힘을 다하기 때문에 반드시 성공한다.

뇌가 피곤하다는 것은
흥미가 없는 것이다

공부하는 데 있어서 집중력은 매우 중요한 요소다. 완전히 주의를 집중하지 않으면 공부가 되지 않는다. 왜일까? 인간의 정보처리 능력은 용량이 엄격하게 제한되어 여러 가지 사항을 동시에 처리할 수 없기 때문이다. 이런 부분은 뇌에 관한 연구에서 밝혀낸 사실이다. 우리가 어떤 것을 기억해두기 위해서는 반드시 그 대상에 주의를 집중해야 한다. 그러니 공부할 때는 불필요한 자극을 차단할 수 있어야 한다.

주변에 난방기 소리와 같은 무의미한 자극은 공부에 집중하면 들리지 않는다. 그러나 스마트폰, TV처럼 의미 있는 자극은 쫓아내기가 쉽지 않다.

미국의 교육심리학자 제인 할리는 TV가 뇌의 기능과 학습 능력에 악영향을 미칠 위험성이 크다고 지적했다. 주의를 집중하는 능력, 문제에 적극적으로 대처하는 능력, 이해하고 읽는 능력이 떨어질 수 있다는 것이다.

실험에 의하면 책을 보는 동안 인간의 뇌파는 활동적이고 빠른 베타파가 발생한다. 그러나 TV를 보는 동안은 정신 활동의 결여를 나타내는 완만하고 수동적인 알파파가 우세하다. 아이에게 단 음식을 주면 결국 단 음식에 빠져버리는 것처럼 뇌를 수동적으로만 만드는 상태로만 익숙하게 만들면 그것에 깊숙이 빠져버릴 것이다. 명상이 아무리 뇌에 좋다고 온종일 명상만 하고 있다면 효과가 있겠는가? 뇌를 편하게만 만드는 것이 반드시 뇌에 좋은 것은 아니란 것을 알아야 한다.

세사미 스트리트(Sesame Street, 미국에서 1969년에 처음 방영을 시작한 3, 4, 5세 유아를 위한 텔레비전 프로그램)와 같은 교육 프로그램조차도 유아의 뇌에 악영향을 줄 수 있다고 하는 연구자들도 있다. 즉시성이 강한 시각적 자극에 빠져버리면 '읽고 쓰는 능력'이 약해지기 때문이다. 인간은 자신이 집중할 수 있는 에너지를 다른 곳에 쏟아버리면 당연히 공부에 집중할 수 있는 에너지가 고갈되고 만다. 그러므로 공부 외에 스마트폰이나 TV시청을 하고 싶다면 반드시 일정 시간을 정해서 해야만 한다.

집중을 오랫동안 지속하고 싶다면 가끔은 몸을 움직일 필요가 있다. 인간의 신체 구조 역시 책상에 장시간 앉아 있도록 설계되어 있지 않다. 그래서 머리를 많이 쓰는 사람일수록 걷는 것이 중요하다. 걸으면 발바닥이 자극을 받아 뇌의 활동이 활발해진다. 공부하다가 잠시 산책을 하고 있어도 무의식의 영역에서는 공부가 진행되기도 한다. 생각이 고정돼서 풀 수 없었던 문제를 무의식적으로 풀기도 한다. 이렇게 되기 위해서는, 산책을 할 때 외부에서 강한 자극이 들어오면 안 된다. 새로운 자극은 학습을 위해서 필요한 공간을 점령해 버리고 공부하고 있던 내용을 밀어낸다.

'암기 과목을 공부한 다음에는 잠을 자라'고 하는 것도 바로 이 이유 때문이다. 그래서 공부한 뒤에 기분 전환으로 TV나 게임을 하는 것보다는, 편안하고 익숙한 환경 속에서 산책을 하거나 잠시 눈을 감고 쉬는 것이 학습능률 면에서 훨씬 도움이 된다. 그러면 특별히 새로운 정보가 들어오지 않기 때문에 뇌는 계속 공부를 음미할 수 있다.

공부하는 사람은 공부에 잠겨있을 필요가 있다. 무슨 말이냐면 중추신경계가 공부에 적합한 상태가 되도록 유지해주는 것이 좋다는 것이다. 중추신경계는 뇌와 척수로 구성된 신경계인데, 우리 신경계에서 가장 많은 부위를 차지하고 있다. 가령 테니스를 몇 시간 하다가 갑자기 탁구를 치면 잘 될까? 처음엔 잘 안 된다. 중추신경계가 테니스에 적합한 상태로 기능하다가 갑자기 탁구로 바뀌면 간섭이 일어나기 때문이다.

그러므로 자신이 수험생이라면 소위 '수험생 모드'를 지켜야 한다. 모의고사 한 번 보고난 다음 며칠 동안 '나는 수험생이 아니라 완전한 자유인이다. 자유인처럼 신나게 즐기겠다'며 실컷 놀다가 다시 공부하러 들어가면 잘 될 리가 없는 법이다. 기분 전환은 짧은 시간으로 충분하다. 그것은 주로 공부하는 자세에서 신체를 잠시 해방시키기 위해서 하는 것이지, 뇌에서 공부를 떨쳐버리는 것이 아니다 (엄밀히 말해 '기분' 전환이라는 표현은 적합한게 아니다. '자세' 전환이라고 해야 맞다).

우리 뇌는 재미있는 것을 하는 동안에는 피곤해지지 않는다. 재미있는 소설을 읽을 때는 피곤함도 잊고 얼마든지 신체의 피로를 참으면서 계속 읽을 수 있다. 뇌가 피곤하다는 것은 흥미가 없는 것을 마지 못해서 하고 있다는 것이다. 우리에게 필요한 것은 뇌의 재충전이 아닌 신체의 재충전이다. 공부는 계속해서 할 필요가 있다. 뇌가 지루함을 느끼지 못할만큼 초집중 상태로 공부에 푹 잠겨있는 상태가 학습과 생활, 신체와 심리적 모든 면에서 훨씬 유리하다.

인간의 작업 기억(working memory)의 용량은 대단히 작다. 그래서 공부하는 도중에 공부 이외의 생각이 난다면 따로 메모해 두고 나중에 처리할 수 있도록 해야 한다. 작업 기억의 부담을 줄여주면 꼭 기억해야 할 학습 내용을 저장하고 처리하는 데 큰 도움이 된다. 반면에 걱정거리나 스트레스가 많다면 작업 기억이 그것에 점령당해 있기 때문에 기능이 저하될 수 밖에 없다.

그래서 감정을 통제하고 마음을 편하게 하는 것이 공부의 시작
이라고 할 수 있다. 물론 실제로 일어난 문제나 사건 등으로 어쩔 수
없이 감정이 동요되는 경우도 있겠지만, 이미 직면한 상황을 최대한
현명하게 풀어내려 노력하라. 수험생 중에서 '이번 시험에 떨어지면
어떻게 될까?' 등의 불확실하고 의미없는 걱정을 하는 경우가 많은
데, 이는 자신이 만들어낸 공상적 두려움일 뿐이라는 사실을 명심하
길 바란다. 용량에 제한이 있는 작업 기억을 오직 공부를 위해서 사
용하고 싶다면 걱정은 완전히 떨쳐버려야 한다. 집중할 것에 집중하
지 못하면 걱정 따위에 집중을 빼앗기고 말 것이다.

최적의 루틴을 만드는
여섯 문장을 되뇌라

　　2019년 9월에 LPGA에서 활약하는 김세영 프로가 개인 코칭을 요청하여 6시간의 멘탈 집중 코칭을 진행했다. 원래도 멘탈이 뛰어난 선수였지만 마인드 코칭 직후 18억 원 상금이 걸린 대회에서 우승하고, 이후 메이저 대회 2연속 우승 등 계속해서 대단한 성취를 보여주어서 지도한 사람으로서 뿌듯하고 자랑스럽다. 김세영 선수를 코칭할 때 여러 가지 측면에서 도움을 주었는데 중요한 코칭 내용 중 하나가 바로 최적의 루틴을 만드는 것이었다.

　　김세영 선수가 기존에 갖고 있던 루틴을 확인하면서 그것을 더욱 보완했고 또 최적의 루틴에 대한 강력한 확신을 심어 주었다. 또한 무의식의 기본 원리와 인생의 본질에 대해서도 설명하였다. 그녀는 실제로 LPGA 경기 도중에 이 루틴이 멘탈이 흔들리지 않고 집중력을 유지하는 데 도움이 많이 되었다며 인터뷰에서 코칭 사실을 언급하기도 했다. 세계 최고들도 반드시 익히고 실천하는 이 루틴은 고도의 집중력이 필요한 모든 과정에서 최고의 기량을 발휘하게 하는 좋은 도구가 된다.

먼저, 최적의 루틴에 대한 원리를 알아보자.

일반적으로 사람들이 말하는 루틴(routine)은 규칙적으로 하는 일의 통상적인 순서와 방법을 지칭하는 경우가 많은데, 지금 설명하는 루틴은 '최상의 수행'을 발휘하기 위해 필요한 이상적인 상태를 갖추기 위하여 반복적으로 수행하고 있는 고유한 동작이나 절차를 의미한다.

수험생도 자신에게 맞는 루틴을 만들어서 활용하면 학습 효과를 높일 수 있다. 최적 루틴을 만들기 전에 먼저 알아둬야 할 사항은 인간이 한 번에 받아들일 수 있는 정보의 양은 일반인 기준으로 7±2로 정형화되어 있다는 사실이다. 그래서 전화번호, 주민등록번호 뒷자리, 금융기관에서 설정하는 비밀번호는 대부분 5~9개이다.

수험생들이 '잡념이 든다'거나 '집중이 안 된다'라는 이야기를 하는 것은 정신 영역의 특성상 어찌 보면 당연한 현상이다. 목표 의식이 있고 동기 부여가 잘 되어 있는 사람일지라도 순간순간 집중이 흐트러지는 것은 누구에게나 일어난다. 집중해서 공부를 하다가도 갑자기 부담감이 느껴지고 '과연 내가 잘할 수 있을까?' 하는 의구

심이 들면서 집중하기가 힘들어지기도 한다.

자, 여러분이 김세영 선수라고 생각해보자. 이번 경기에 우승하면 18억 원을 받는다. 연습 때 경기력이 좋았던 선수라도 이런 큰 대회를 치르다 보면 상황에 따라 멘탈이 크게 흔들리게 된다. 샷을 날리기 직전에 '이번에 잘못 맞으면 어떻게 하지?' 하는 불안감이 들면서 순간적으로 자세가 흔들리는 경우도 많다. 이 순간 생각을 멈추면 좋겠지만 실제 상황에서는 생각을 멈추는 것이 불가능하기에, 미리 정해놓은 생각만 하도록 훈련하는 것이다.

그러니까 인간이 한 번에 받아들일 수 있는 정보 처리 양인 5~9개 정도를 반드시 해야 하는 필수적인 생각으로 꽉 채워버리는 것이다. 그 생각에만 완전히 집중한 상태로 연습 때나 실전에서 계속해서 그 정신 세팅을 이어가는 것이다.

이렇게 한 번에 받아들일 수 있는 정보 처리 양만큼을 반드시 집중해야 할 부분에만 집중해 수행하고 있다면, 그 순간에 잡념이 들어올 틈이 없다. 이런 상태로 쭉 연습을 이어가고 노력하다 보면 언제나 최상의 결과가 나오게 되는 것이다. 이런 경험은 뇌에 성공 경험을 축적시키고, 무의식 속에 자신감과 확신감을 심어주게 된다.

그렇다면 나에게 맞는 최적의 루틴은 어떻게 만들면 좋을까? 정답은 없다. 각자의 상황과 조건에 따라서 모두 다르기 때문이다. 루틴의 기본 개념과 원리를 정확하게 알고 자신이 하는 공부 또는 일에서 최적의 루틴을 적절하게 만드는 것도, 그 루틴에 대해 확신을 갖고 실제로 사용하면서 적응해 나가는 것도 모두 자신이 해야 한다.

나만, 내가 사용하고 있는 루틴을 소개할 테니 그것을 참고한다면, 자신에게 잘 맞게 변형해서 사용하기 좋을 것이다. 지금 알려주는 루틴을 조금씩 변형해서 김세영 선수의 루틴도 만들었고, 지난 20년간 수많은 수험생들에게 실제로 적용해서 눈부신 성적 변화를 수없이 이뤄냈으니 믿고 활용하기 바란다.

나의 루틴은 여섯 문장으로 이루어져 있다(역시 5~9개 안에 해당한다). 나는 이 문장을 어떤 일을 하기 전에 항상 떠올리고 되뇐다. 수험생들에게도 최소한 깨어있는 동안 시간별로 이 여섯 문장을 반복적으로 되뇌면서 공부하라고 당부한다.

첫 번째 문장 : 인생은 최면이다.

이건 정말 수시로 수없이 되뇌는 문장이다. 최면이란 고도의 집중과 몰입 상태와 같은 의미로 사용하는 단어다. 인생 자체가 최면과 같은 상태로 시작되었다는 사실을 명심해야 한다. 인간의 삶을 의미있게 만들어주는 추억 역시 최면 상태에서 어떤 장면이 강렬하게 장기 기억화 된 것이다. 공부를 하면서도 완전히 초집중 상태로 즉, 최면과 같은 상태로 열중하겠다는 의지와 각오를 수시로 다지는 것이 매우 중요하다. 최면 상태를 누가 더 강력하게 만들어내느냐에 따라서 인생의 행복과 성공의 크기가 달라진다는 사실을, 이 문장을 계속 되뇌면서 인식해야 한다. 공부를 하든 무엇을 하든 반드시 초집중 상태로 멋지게 해냈겠다는 다짐을 계속하는 것이다.

두 번째 문장 : 나는 초집중으로 공부(일)하는 사람이다.

이 문장의 의미는 자신의 아이덴티티를 더 공고하게 만들면서 공부하기 위한 것이다. 어떤 일을 반복적으로 하다 보면 매너리즘에 빠지는 경우도 많다. 수험 기간이 길어지면 마음속에서 '오늘도 온종일 공부나 하며 시간을 보내겠구나' 하는 마음이 들 수도 있다. 이럴 때는 자신이 어떤 사람인지를 재확인하고 인지하는 것이 필요하기에 공부 또는 어떤 일을 하더라도 나는 고도의 집중과 몰입 상태로 매진하고 남들도 그런 상태를 만들 수 있는 사람이라는 것을 계속 인지시키는 것이다. 초집중을 하면 시간이 왜곡된 것과 같은 몰입감을 경험할 수 있다. 초집중 상태에서 자신의 아이덴티티를 강화해라. 그리고 남들까지 초집중 상태로 만들 수 있는 사람이라고 믿으면서 자존감까지 최상으로 끌어올려야 한다.

세 번째 문장 : 나는 시험(혹은 하고 있는 일) 이상의 존재다.

시험이 인간을 만들었는가? 인간이 시험을 만들었는가? 당연히 인간이 시험을 만든 것이다. 근데 사실 시험을 보다 보면 인간이 만든 그 시험에 정신이 함몰되는 경우가 많다. 시험이 자신의 운명을 결정짓는다는 생각에 빠지기도 하는데, 이런 정신 상태는 시험에 위축되어 온전히 공부에 집중하기 어렵게 만든다. 지금 시험을 준비하고 있지만 내 인생의 순간일 뿐이고 공부는 원하는 삶을 위한 도구일 뿐이라는 인식이 필요하다. 지금 필요에 의해 시험을 보고 있지만 세상이 '고도의 집중과 몰입 상태'로 돌아가는 것임을 다시 한 번 상기하라. 세상의 이치를 깨달은 사람으로서 지금 준비하는 시험도 결과가 좋을 수밖에 없음을 스스로가 인정하면서 공부하라는 말이다. 결국 시험을 보지 않아도 성공할 수 있는 사람이지만, 이 시험을 합격해서 더 멋진 성공을 이루어 내겠다는 마음으로 임해야 한다.

네 번째 문장 : 나는 이 시험(혹은 자신의 분야 업무)을 지배한다.

기가 꺾인 상태로 공부하는 사람들이 정말 많다. 기가 꺾였다는 것은 이미 실패한 모습들을 무의식에서 상상하고 있는 것이다. 따라서 매번 기를 살리는 작업을 해야 한다. 최소 1시간에 한 번씩은 '나는 이 시험을 지배한다'라는 암시를 해주는 것이 좋다. 실제로 전국 1등이 아니더라도 상관없다. 1시간 동안은 반드시 시험을 지배하겠다는 의지를 갖고 무의식에 결심을 새기면서 열정적으로 임하면 되는 것이다. 시험에 위축된 마음 따위는 폐기하고 1시간 1시간씩 철저하게 최상의 정신 상태로 공부하면서 순간을 지배하면 된다.

다섯 번째 문장 : 나는 공부(혹은 자신의 분야)의 신이다.

평범한 사람들은 일을 할 때 머릿속에서 무의식적으로 한계 설정을 해버린다. 무슨 말이냐면 '나는 내년에 얼마를 벌어야지'라는 목표를 세움과 동시에 '그 이상은 벌 수 없어'라고 한계를 스스로 정한다. 나는 '어느 대학교에 갈 거야' 하면서 사실은 그 이상의 대학은 못 간다는 생각으로 자신의 가능성을 가두고 있다. 이렇게 한계 설정을 해버리면 자신의 진정한 잠재력을 활용하지 못하게 된다. 그래서 공부를 할 때는 '내가 공부의 신이다'라는 생각이 필요하다. 회사에 신입사원으로 들어갔거나 사업을 시작한 경우라도 마찬가지다. '나는 이 분야의 신이다'라는 다짐을 해야지 어떤 일이든 더 빠르게 흡수하고 배워나갈 수 있다. 또한 남들도 이런 사람을 볼 때 남다르다는 것을 알게 되고 인정하게 된다. 그런데 '나는 신입사원이다. 나는 초짜다'. 계속 이런 생각만 하면 어떨까? '초짜인 나는 실수해도 당연한 거다'라는 식으로 무의식에 각인시키는 것이고 실수도 더 잦아지게 된다. 건방진 생각을 심어주려고 한 것이 아니다. 완전히 공부의 신이 되겠다는 생각으로 초집중하라는 것이다.

여섯 번째 문장 : 내가 공부해야(혹은 성공해야) 이 나라가 발전한다.

내가 정말 좋아하고, 나를 계속 독려하고 성장시키는 데 큰 자극을 주는 문장이다. 지금 시대는 나라를 생각하는 마음이 이전보다 많이 줄어든 것 같다. 나라와 인류보다는 오직 자신을 위해서 열심히 살겠다는 생각을 가진 사람이 많아졌는데, 사실 자신만을 위해서 살겠다는 마음으로는 큰 성취를 이루기가 어렵다. 자신만을 위한 동기는 약하고 오랫동안 유지되지 않으며, 타인의 도움이나 인정을 받기도 힘들기 때문이다.

100년 전쟁에서 프랑스를 구하고 샤를 7세를 왕위에 즉위시킨 잔 다르크는 귀족도 아니었고, 핍박을 당하는 민중의 딸이었다. 잔 다르크는 자신이 아닌 프랑스를 지키기 위해 지치지 않고 싸울 수 있었고, 그래서 대단한 존재들도 그녀에게 힘을 실어 주었던 것이다.

지금까지 큰 업적과 성취를 이룬 위인의 삶을 분석해보면 자기 자신이 아니라 가족이나 사랑하는 사람들, 혹은 이 사회와 나라를 위해서 노력했기 때문에 더 큰 힘을 발휘할 수 있었다는 사실을 알 수 있다.

공부를 해도 단지 자신만을 위해서가 아니라, 최소한 사랑하는 사람들을 위해서 최선을 다하기를 바란다. 혹은 이 사회와 국가를 위하는 마음으로 노력하라. 그럴 때 실제로 더 큰 힘과 집중력이 발휘되며 나중에 좋은 기회를 얻을 수 있는 것이다. 남을 위하는 마음은 상대방이 당신의 능력을 인정하고 당신의 신념을 받아들이게 만든다. 이 문장은 여러분의 무의식적 스케일, 꿈과 목표를 크게 만들고 성장할 수 있게 하는 에너지원을 제공한다.

오랜 시간 공부해야 하는 수험생은 공부에 최적화된 정신을 구축해낼 수 있어야 한다. 이 여섯 문장을 매 시간 되뇌면서 마인드 세팅을 한다면, 최적의 루틴을 만드는 것이 가능할 것이다. 이 여섯 문장을 반복해서 두뇌가 완전히 이 사실을 당연하게 받아들이게 되면, 자신의 실력을 제대로 발휘할 수 있고 성적도 비약적으로 상승하게 된다. 지금부터는 배운 내용과 자신만의 긍정암시를 활용하여 매시간 자신의 정신을 통제하고 원하는 대로 공부할 수 있는 '최적의 루틴을 만드는 여섯 문장'을 되뇌라. 이 문장들의 가치를 제대로 이해하고 철저하게 따른 학생들은 정말 놀라운 성적 향상을 증명했다. 부디 잘 이해하고 활용해서 좋은 성적을 거두기를 바란다.

지금부터 하는 모든 일에서 성공하는 법

첫째, 세상이 원하는 기준에 나를 맞춰라.

둘째, 인간이 하는 모든 일은 본질이 같다.

셋째, 일은 양보다 질이다.

넷째, 일의 대가에 대한 법칙을 머릿속에 각인시켜라.

다섯째, 초집중을 끌어낼 수 없는 일이면 시작하지 마라.

4장

성공을 위한 초집중
마스터 단계

: 인생을 바꾸는 심리 수업

부자의 마인드로
공부하라

'여러분은 공부가 재미있나요?'

수업을 듣는 사람들에게 이렇게 물어보면 대부분은 재미가 없다고 대답한다. 하지만 공부는 재미있어야 잘할 수 있다. 모든 것이 그렇다. 일은 누가 잘하는가? 일이 재미있는 사람이다. 즉, 무엇을 하려면 재미있어야 한다는 것이다. 재미없는 것을 한다는 것은 고문이나 다름이 없다. 결국 얼마 가지 못하고 중도 포기하게 되고 그럼 자존감이 떨어지고 자괴감만 커지게 된다.

성공한 이들은 자신의 일을 재미있게 하는 사람이라는 사실을 명심하자. 혹여 '나는 재미있는 게 없으니까 성공하기 어렵겠구나', '공부는 정말 재미없는데 큰일이네'라고 생각할 수도 있겠다. 지금부터 내가 하는 설명을 잘 새겨듣기 바란다. 그럼 당신도 분명히 공부 또는 자신의 일을 더 재미있게 할 수 있게 될 것이다.

나는 어릴 적부터 부자가 되고 싶었다. 집안 사정이 넉넉하지 않았고 돈이 없으면 삶이 피곤해진다는 것을 느꼈기 때문이다. 그래서 부자들을 연구했다. 그랬더니 부자들은 하나같이 "내가 부자가 된 이유는 내 일과 직업을 사랑한 결과다", "내 일은 나의 재능과 적성을 한껏 끌어올려준다"라는 공통된 이야기를 하고 있었다. 어떠한 특정 직업을 선택해야만 재미있는 줄 알았던 어린 나에게 이런 말들은 한번에 바로 가슴 속 깊게 들어오진 못했다. 그때까지만 해도 나의 무의식 속에 있는 생각은 '부자들은 자신이 부자가 될 수밖에 없는 일을 매의 눈으로 잘 찾아냈을 것이다'였기 때문이다.

부자를 부자로 만들어준 그 일을 하게 된 계기를 살펴보았더니 '그냥 우연한 기회가 생겨서'가 29%로 제일 많고, '시행착오를 겪다가 하게 되어서'가 27%, '예전에 하던 일과 관련된 일을 하게 돼서'가 12%, '상사가 놓친 기회를 내가 잡아서'가 7%였다. 결과적으로 부자들은 '어쩌다 우연히 하게 된 일'로 부자가 되었다는 것이다.

그럼 부자들은 어떤 사람인가? 부자들은 '우연히 하게 된 일을 남들보다 더 재미있게 즐기면서 할 수 있는 능력의 소유자'인 것이다. 반대로 생각해보라. 가난한 자들도 자신을 가난하게 만들어준 그 일을 하게 된 계기가 있을 것이다. 그 계기가 무엇일까? 당연히 '우연히'다. 우연히 하게 된 일을 가난한 자들은 남들보다 더 재미없게 하는 정신의 소유자로 살아가는 사람들인 것이다. 모든 것이 '마인드'의 차이다.

20대에 부자가 될 수밖에 없는 일을 찾아낸 사람들은 아주 극소수다. 세상의 거의 모든 부자들은 그냥 기존에 존재하고 있던 일을 우연히 하게 되었고, 남들보다 더 재미있게 즐겼던 사람들이다. 학생이든 직장인이든 사업가든 마찬가지다.

여러분이 지금 하고 있는 공부도 실은 우연히 하게 된 것이다. 고 3 학생이 수능을 보기 위한 준비를 하고 있다고 해도 결국 우연이다. 우연히 대학을 보내주는 부모님을 만나서 지원을 받으며 공부하는 것이다. 어쩌다 보니 우연히 대학을 간 뒤에도 졸업을 하고 우연히 취직을 하든가 혹은 우연히 사업을 하게 될 것이다. 또한 결혼 적령기가 되면 우연히 만난 배우자랑 결혼을 하게 되고, 우연히 자녀도 가질 것이다.

그런데 우연히 공부를 시작하는 건 마찬가지지만 누군가는 그 과정이 재미있을 것이고, 누구는 그렇지 않을 것이다. 취업이나 창업을 우연히 하는 건 마찬가지이지만 누군가는 재미있게 하고, 누구는 재미없게 하다가 망할 것이다. 우연히 결혼하고 아이를 낳겠지만 누구는 가정생활이 즐겁고 행복하고, 누구는 지긋지긋하고 괴로움의 연속일 것이다.

왜 이렇게 같은 일을 우연히 했지만 마음이 다르고, 그로 인한 결과가 달라질까? 그것은 같은 일을 하더라도 무엇이 재미를 결정짓는지에 대한 분명한 차이를 아는지의 여부에 달려 있다.

공부를 할 때도, 사업을 할 때도, 결혼생활을 할 때도 죽을 때까지 우리가 무엇을 하더라도 반드시 먼저 알아야 할 것이 바로 이것이다.

'어떤 일을 할 때 그 일의 재미를 결정짓는 것은 무엇인가?'

이 질문에 대해서 정확한 답을 가슴 속 깊게 새기지 못한 자라면 어차피 인생 전체가 재미없고 고통이 된다. 어떤 일에 대해서 재미를 결정짓는 유일한 요소는 '사전에 얼마나 철저하게 제대로 된 준비를 거친 후에 경험을 했는가'이다. 재미를 결정짓는 주체는 언제나 '나'이다. 이것을 모르면 자신이 하는 일을 스스로 '재미없다'라고 이야기한다. 그런 사람들은 자신을 스스로 무시한 것이다. 스스로를 무시하는 사람을 어떤 사람이 좋아하겠는가? 그런 사람을 받아주는 건 동류의 안타까운 인생을 사는 사람들뿐이다.

한편, 궁핍한 멘탈의 소유자는 온라인 게임이나 유흥을 즐기는 것을 재미있다고 생각할 것이다. 하찮은 일일수록 준비 과정이 전혀 없어도 재미있기 때문이다. 무엇을 하더라도 더 철저하게 준비할 수 있는 부분들이 있다. 먼저 자신이 관심 있는 분야에서 재미있게 일하는 분들을 연구하는 것이 좋다. 현장에 있는 전문가에게 피드백을 받고 그 분야에서 성공한 사람들의 책을 읽으면서 재미있게 일할 준비를 스스로 해나가야만 한다.

여기서 명심해야 할 것은 보통 처음부터 재미있는 것은 없다는 사실이다. 단언컨대, 처음부터 바로 재미를 느낄 수 있는 것은 자신을 망치게 하고 해를 주는 일일 것이다. 게임, 환각제 복용과 같은 것을 제외한 것이라면 준비를 제대로 철저하게 한 사람 순으로 재미를 느낄 수 있게 된다. 자존감이 높은 사람이라면 어떤 일을 하더라도 더 재미있게 할 수 있어야 한다. 지금 각 분야에서 정말 재미있게 자신의 일을 하는 사람들을 떠올려보라. 그 사람들은 정말 신나고 재미있게 자신의 일을 하고 있겠지만 처음부터 재미있었겠는가? 그 일에 혼신의 힘을 다해서 노력하고 준비한 뒤의 어느 시점부터 재미있었을 것이다. 손흥민 같은 세계적인 선수도 그럴 것이다. 축구를 시작하는 첫날 운동장에서 축구화 끈을 묶는 그 순간부터 축구가 재미있었을까? 아니다. 모든 것이 낯설고 서툰 처음은 그닥 재미가 없다. 그렇지만 점점 더 철저하게 노력하고 준비하는 과정을 거치고 주변 사람에게 인정을 받으면서 점차 재미있어지는 것이다.

"당신이 그것을 잘할 수 있기 전까지 어떤 것도 재미있지 않다."
Nothing is fun, until you're good at it.

이 문장을 마음 속에 새겨라. 어떤 일이든 처음부터 재미있는 것은 없다. 처음부터 재미 혹은 쉬운 것만 찾으려는 정신 상태로 살아가는 사람들이 늘고 있다. 그들의 어리석은 생각에 같이 휘말리지 않아야 한다. 초집중하는 과정을 거치며 점점 더 능통해질수록 그때부터 비로소 재미가 더해지는 것이다. 오직 능통한 자만이 인생을 즐겁게 살아간다. 이제부터 공부든 일이든 인간관계든 더 잘하겠다는 각오를 다져라. 그런 자세로 살아가면 결국 행복한 부자의 삶을 살아갈 수 있게 될 것이다.

특히 수험생이라면 어떻게 하면 공부를 더 잘할 수 있을까를 생각하면서 지금 하고 있는 공부를 반드시 재미있게 할 수 있도록 최선을 다하기 바란다. 지금 당장 자신이 처해진 상황 속에서 재미를 만들어 가는 것이 삶에서 가장 중요한 능력이라는 것을 명심하자.

무엇이든 반복하면
타고난 재능을 이긴다

　지구에는 수많은 사람이 있다. 전 세계까지 가지 않고 우리나라 만 하더라도 5천만 명이 넘는 사람들이 있다. 이 중에 나보다 뛰어 난 사람들은 수없이 많다.

　공부를 시작했다면 열등감이 들기 마련이다. 많은 사람들이 이 미 나보다 월등한 실력을 갖고 있는 것 같고, 그들을 따라잡는 것이 불가능한 것처럼 느껴져서 상심하기도 한다. 그러면서 쟁쟁한 경쟁 자들로 인해 불안해지고 자신의 마음을 제대로 잡지 못하는 것이다.

　영화 「아마데우스」를 보면 천재인 모차르트와 노력형 인간인 살리에르가 경쟁한다. 모차르트는 젊은 나이에 작곡가로 명성을 날리다가 왕궁에 들어간다. 그는 여자 친구와 데이트하는 순간에도 갑자기 악상이 떠오른다. 마치 원래 있었던 음악인 것처럼 오선지에 음표를 그려나간다. 그가 남긴 오선지에는 다시 수정한 흔적도 없다. 반면 살리에르는 나이 많은 궁정 작곡가로, 모차르트가 혜성처럼 등장하기 전까지 왕의 총애를 받았다. 그는 모차르트를 이기려고 지독하게 노력한다. 더 위대한 음악을 작곡하려고 수많은 날을 지새우며 오선지를 수없이 찍으면서 고치고 또 고쳐나간다. 결국 살리에르는 모차르트를 이길 수 없음을 깨닫는다. 그는 자신의 자리를 빼앗길 것을 염려해 모차르트를 죽이려는 계획을 짠다.

이 영화에서는 '천재는 타고나는 것이고, 노력해도 천재는 이길 수 없다'는 사실을 암시한다. 영화 속에서는 노력이 천재를 이길 수 없었지만, 현실에서는 다를 수 있다. 타고난 천재는 영감이 번뜩이면서 가끔 명작을 남길 수 있을지 모르지만, 시간이 좀 더 걸릴지라도 노력하는 사람은 끝없이 고치고 개선하면서 더 위대한 성취를 해내기도 한다. 최근의 연구에 의하면 모차르트의 재능 역시 올바른 방법으로 정교하게 훈련된 노력의 결과라는 사실이 밝혀졌다고 하니 '올바른 방법으로 노력'하면 훨씬 잘하게 된다는 것은 분명하다.

'천재'라는 단어는 하늘이 내린 재주라는 뜻이며, '천성'이라는 단어 또한 하늘이 내린 성향을 말한다. 이렇듯 우리가 쓰는 이 천

(天)이라는 단어 속에 이미 타고난 것은 바꿀 수 없다는 생각이 내재되어 있는 것이다. 하지만 실제로는 얼마든지 노력 여하로 운명을 바꾼 사람들이 존재한다. 재능은 결국 노력할 의지가 있고 실제로 꾸준하게 실행하는 사람에게 발현되는 능력일 뿐이다.

'무엇이든 반복하면 잘할 수 있다.'

나는 반복의 힘을 믿는다. 꾸준한 반복을 마다하지 않고 되풀이해서 몰입할수록 초집중이 되면서 점점 더 실력이 는다. 공부도 타고난 재능이 아닌 반복의 결과인 것이다. 자신은 한 번 보고 바로 외우는 것이 불가능하지만 남들은 단번에 외울 수 있다고 생각하는가? 한 번 읽고 외워진다면 천재겠지만 그런 천재는 거의 없다. 또한 금방 잊어버린다고 기가 죽을 필요도 없다.

학습한 내용을 장기 기억화하려면 배운 내용을 여러 번 복습하고 두뇌의 메커니즘을 활용하여 올바른 방법으로 정보를 입력하고 요약하여 도식화하면 된다(여기서 도식화란 정보의 핵심과 흐름을 이미지화하는 것을 의미한다). 이것이 모든 공부의 핵심 키워드이다. 암기력뿐만 아니라 이해력도 마찬가지다. 수학은 암기과목이 아니라고 생각하겠지만 수학도 문제를 되풀이해서 풀어야 원리를 이해하고 풀이 방법을 기억할 수 있다. 이처럼 모든 지식은 반드시 의식적으로 반복하는 작업을 통해 온전히 자신의 것이 되는 것이다.

반복의 힘을 믿고 문제를 풀고 분석하며 내가 모르는 것은 다시 찾아내고 되풀이해서 생각해야 한다. 능동적인 학습 시간이 늘어날수록 공부를 심도 있게 할 수 있으며, 생각의 폭이 깊어질수록 미래의 내 모습도 바뀐다.

반복을 통해 우리 몸의 생체리듬도 바꿀 수 있다. 몸의 습관은 하루 아침에 바꿀 수 없다. 머리로 새로운 계획표를 만들고 생활하려고 노력해도 몸은 옛날 습관에서 쉽게 벗어나려 하지 않는다. 계속해서 앉아서 공부하는 시간을 꾸준히 늘려가면서 새로운 생체리듬을 만들어야 한다. 일회성이 아닌 계속 반복되어서 습관으로 굳어져야 한다. 좋은 습관이 쌓여갈수록 나쁜 습관은 자연스럽게 사라지게 된다. 그래서 의미 있는 것을 반복해서 학습해 나가는 것은 무의식을 통제하는 데 있어 아주 중요한 행동이라 할 수 있다.

이처럼 반복은 가치 있는 노력이지만 무조건 반복한다고 나아지는 것은 아니다. 아무 생각 없이 반복만 해서는 실력이 늘지 않는다. 직장 생활을 10년 동안 해도 능력의 변화가 크게 없는 사람들을 떠올려보면 이해가 될 것이다. 자신의 실력을 개선시키고 향상시키려는 분명한 목적의식이 있어야 한다. 생각 없이 되풀이하는 식의 노력에는 결국 경제 마인드 즉, 효율성을 추구하는 본능이 작동되기 쉽다. 개선 의지를 확실히 갖추지 않은 사람은 기왕이면 편하게 하자는 생각으로 적은 노력을 들인다. 이렇게 하면 반복 횟수가 많아도 발전 속도가 느려지게 된다. 반드시 잘하려는 마음을 확실하게 갖추고 지속적으로 노력해야 점점 더 발전할 수 있게 될 것이다.

『중용』에 나오는 다음의 글귀가 마음에 새겨질 때까지 반복해서 떠올리고 되뇌면 반복의 힘을 얻어서 어떤 일이든 최고 수준으로 해낼 수 있을 것이다.

인일능지기백지(人一能之己百之)

남이 한 번에 능히 해낸다면 나는 백 번을 해야 하고,

인십능지기천지(人十能之己千之)

남이 열 번에 능히 해낸다면 나는 천 번을 하면 된다.

과능차도의(果能此道矣)

이러한 도리를 과감하게 실천하면

수우필명(雖愚必明)

비록 어리석어도 반드시 밝아질 것이며

수유필강(雖柔必強)

비록 유약하더라도 반드시 강해질 것이다.

많은 능통자들이 자신의 분야에서 최고가 되기까지 이러한 문구를 계속 반복적으로 생각하면서 노력해왔다. 남이 한 번에 할 때 백 번하고, 열 번에 할 것을 천 번 한다는 것은 어리석은 일이 아니다. 천 번을 하더라도 계속 발전하려는 강력한 의지를 갖고 반복한다면 엄청난 의미가 있다. 그러다 보면 지식과 능력을 완전히 내것으로

만들 수 있는 것이다. 수없이 반복해서 자신의 것으로 만드는 과정이 겉보기에 다소 어리석어 보여도 실제로 그 지식을 남들에게 활용할 때는 그렇지 않는 사람보다 훨씬 더 제대로 지식을 활용할 수 있게 된다. 시험에서의 활용도 마찬가지다.

성공하는 말투로
바꿔라

    사람들이 어떻게 살고 있는지는 직접 겪어봐야 추측이 가능하다. "어떻게 공부하냐"고 물어보면 "열심히 한다"고 하며, "어떻게 사느냐"고 물으면 "열심히 산다"고 이야기하지만 각자 다른 생각의 틀 안에서 판단하고 있는 것이다. 다른 사람의 생각의 틀을 짐작하고 싶다면 언행을 잘 관찰하면 된다.

    이 생각의 틀을 어떻게 바꾸나에 따라 사람들의 언행이 바뀐다. 말과 행동이 변하지 않으면 생각의 틀은 제대로 바뀌지 못한 것이다. 우리가 피해야 하는 생각의 틀을 갖고 있는 사람들은 다음과 같은 말들을 자주 하는 자들이다.

    "그거 해봤자 다 똑같은 거지. 뭐가 달라져. 해봐야 좋을 게 있겠어?", "출세하면 뭐해. 무슨 부귀영화를 누리겠다고", "고생만 하는 거니 그만해라"와 같은 말을 수시로 하는 사람들은 초집중의 가치를 모른 채 삶을 살아간다. 이들은 자신만 적당히 살려고 하는 것이 아니라, 남들까지도 적당히 살도록 분위기를 조장한다. 열심히 하는 사람들을 무시하는 말도 자주 한다. "남들 하는 만큼만 적당히 해. 일하는 거 티 내지 말고. 저 혼자 잘났구만", "대충 넘어가지, 좀" 이렇게 당신의 의욕에 재를 뿌릴 것이다. 그러다가 결과가 조금이라도 좋지 않다 싶으면 기다렸다는 듯이 "거봐. 내가 뭐라고 했어. 겨우 이러려고 노력했니? 쓸데없는 짓이야"와 같은 말들을 한다. 학교나 가정에서 직장에서 이런 말들을 습관적으로 하는 자들은 이런 말들이 얼마나 파괴적인 줄 모르는 사람들이다.

말은 생각의 틀에서 나오고
그 틀로 운명이 결정된다.

말은 그 사람의 운명과 아주 직접적인 관계가 있다. 인간은 생각하고 말하고 행동한 대로 살아가는 존재다. 말을 들으면 그 사람의 생각의 틀 모양을 알 수 있다. 대화를 하면 그 사람이 갖춘 지식 수준을 짐작할 수 있어서 그의 미래도 대략 추측할 수 있다.

성공한 사람들과 좋은 관계를 맺고 기회를 얻고 싶다면, 큰 성취를 이룬 사람들 앞에서 자신의 일거수일투족을 조심해야 하는 이유가 바로 이것이다. 어린아이를 보면 그 아이의 내면을 읽을 수 있는 것처럼 고수들은 하수들의 생각을 읽을 수 있다. "인생은 그저 그런 거야. 사람 사는 게 다 뻔하지"와 같이 말하는 사람들은 인생이 무엇인지, 자신이 누구인지를 정확하게 알지 못하는 상태로 시간만 소비하는 것이다. 자기가 내뱉은 말대로 운명이 만들어지고 있음을 모른다. 이런 말을 하는 사람은 절대 아무것도 이룰 수 없다.

수험생이 "공부해봤자 뻔하지"라고 말하는 그 순간 공부를 잘하는 것은 불가능한 일이 된다. 직장인이 "열심히 해도 똑같아"라고 내뱉는 순간 회사에서 해고되지 않기만을 바라고 살아야 할 것이다. 사업가가 직원들에게 "그 정도까지 신경 안 써도 된다"라고 하는 순간 사업은 내리막을 걸어가고 있는 것이다. 남편이 "아내한테 잘해주면 뭐 하나"라고 말하는 순간 그 가정은 파탄의 길을 가는 것이다. 말에는 힘이 있다. 세계 최고의 정복자 칭기스칸도 빌리크 12조에 "말에는 힘이 있다, 노닥거리는 말에는 힘이 없다"라고 명시했다.

자신의 삶에 대해서 초집중에 대한 갈망과 열의가 없고 무의식에 대한 지식조차 없는 사람들은 언제나 자신의 마음과 현실이 괴리되는 안타까운 삶을 살게 된다. 세상에 가치 있는 것과 무가치한 것을 제대로 분별할 수 있는 지혜로움을 갖지 못한다면, 끊임없이 허무함과 끝없는 좌절감을 느끼며 "인생 살아봤더니 뭐 없더라"라는 한탄만 남게 될지도 모른다.

어렵고 복잡하게 생각할 필요는 없다. 먼저 쉬운 것부터 시작하면 된다. 가령 다음과 같은 말을 더 자주 하면 된다는 뜻이다.

"하면 된다. 내가 하는 만큼 달라질 거야."

"나는 지금보다 나아질 거야."

"남들이 부러워하는 위대한 인생을 살 거야."

목표가 생기면 긍정적으로 소망하라.

"꼭 이루고 싶다. 반드시 이걸 이룰 거야."

"내가 못하면 이걸 누가 하겠어."

"대충하면 되겠어? 성공한 사람들은 이 정도는 참아냈어!"

이런 말들을 습관화해야 아무리 힘들어도 자신을 더 강하게 이끌어가는 힘을 얻는다. 스스로를 격려하고 열심히 하는 사람을 인정하고 본받으려고 노력하다 보면, 좋은 결과가 나온다. 성공하게 되면 노력의 가치는 더욱 강화된다. 노력의 가치를 인식하게 되면 결과가 생각보다 안 좋아도 절망하지 않는다.

"이번에는 노력이 좀 부족했나 보다."

"다음에는 더 잘될 거야."

"좀 더 노력하면 반드시 될 거야."

이런 말투가 당신의 운명을 바꾼다. 꿈을 이루고 싶다면 자신이 내뱉는 말투부터 신경써서 바꾸도록 해라. 수시로 성공을 부르는 말들이 입에서 나오도록 해라. 성공하는 말을 계속해서 연료로 공급해야 무의식이 변화하고 성공에 가까워진다.

머릿속에서
'나름대로 열심히'를 죽여라

머릿속에 항상 '나름대로 열심히'라는 생각이 박혀있는 채로 살아가는 사람들이 정말 많다. 우리 인간은 바보가 아닌 이상 '나름대로인 것'에 가치를 두지 않는다. 나름대로를 벗어나 확실하게 뛰어난 것만을 인정하고 관심을 갖는다.

'수주대토(守株待兎)'라는 말이 있다. 송나라 때, 한 농부가 밭을 갈고 있는데 갑자기 토끼 한 마리가 달려오더니 밭 가운데 있는 나무 그루터기를 들이받고 죽었다. 농부는 그런 토끼들을 다시 잡을 생각에 농사를 그만두고 그루터기에서 토끼가 또 들이받기만을 기다렸다. 노력하지 않고 요행을 바라는 어리석음을 일깨우는 사자성어다. '나름대로 열심히' 해서는 원하는 것을 저절로 이룰 수 없다.

이런 생각을 가진 사람은 자신에 대한 비판 의식이 없기에 발전할 수 없는 것이다.

인간은 생존하려면 나름대로 무언가를 해야 한다. 그러나 그것을 다 노력이라고 말한다면 살아가는 것 자체가 노력이라고 하는 것과 다를 바가 없다. 그것은 단순한 자기합리화에 지나지 않는다. 성공하고 싶다면 초집중을 동반한 행동이 필요하다.

성공과 행복은 구별할 필요가 있다.
행복은 주관적인 요인이 크지만,
성공은 객관적인 판단 기준이 존재한다.

세상의 욕심을 다 버리고 산에 들어가 자연인으로서 혼자 사는 사람을 보고 행복하겠다고 생각할지는 몰라도, 객관적으로 보았을 때 그 사람을 성공했다고 생각하지는 않을 것이다. 성공은 남들과 다른 차별화된 영향력으로 세상 사람들이 그 사람의 존재 자체를 인정하고 고맙게 여기는 사람에게 주어진 것이다.

성공이란 무엇일까? 삶의 조건과 상황 등이 계속해서 나은 방향으로 바뀌는 것, 그것이 성공이다. 변하지 않고 정체되어 있는 삶을 살고 있다면 그것은 성공이 아니다. 노력은 자기만족을 위한 노력과 객관적인 노력으로 나눌 수 있다. 자기만족을 위한 것('나름대로 열심히'하는 것)이 목적이라면 실질적인 노력은 필요없다. 객관적인 노력은 남들이 인정할 만한 노력이어야 한다.

지금까지 살면서 남들로부터 열심히 노력하는 사람이라는 인정을 받은 기억이 있는가? 남들이 당신을 인정한 적이 없다면 당신은 자기만족을 위한 노력을 하고 있던 것이다. 경쟁하며 살아가는 세상에서 남들과 똑같은 정도의 노력으로는 결과의 차이가 나올 수 없다. 무엇을 하든지 객관적으로 평가를 받으려면 남들과 확연한 차이가 나야 한다.

"나는 노력하는 사람인가?"를 자문할 것이 아니라 "나는 남들보다 어떤 노력을 더 하는 사람인가?"를 물어보아야 한다. 가끔 사적인 모임에 나가면 사람들이 내게 자녀 교육에 대해서 묻는 경우가 종종 있다. 그들은 내가 수많은 대입학원에서 수험생들의 성적을 높일 수 있었던 비법을 매우 궁금해한다.

요즘 세상은 공부하기 위해 필요한 제반사항(학원, 교재, 동영상 강좌 등)이 너무 잘 되어 있어서 성적을 올리는 것은 어렵지 않다. 그럼에도 공부가 어려운 이유는 학생이 집중력을 제대로 유지하지 못해서이다. 공부를 왜 해야 하는지에 관한 명확하고 분명한 이유의 부재와 무의식에 대한 이해 부족이다. 하지만 이런 모든 부분들을 장황하게 설명할 수는 없기에 이렇게 말한다.

"아이들에게 '공부 열심히 하고 있니?'라고 묻지 마세요. 부모님이 그렇게 물어보는데 아니라고 대답할 바보는 없습니다. 왜 공부해야 하는지를 명확하게 인식할 수 있도록 제대로 설명해주십시오. 그리고 질문을 바꿔서 물어보세요. 지난 번 시험을 볼 때는 책을 몇 번 봤니?', '수학은 같은 문제를 몇 번 풀어봤니?' 그러면 아마 2~3번 책을 보거나 문제를 풀어봤다고 할 겁니다. 그럴 때 이렇게 말하세요. '그 정도는 남들도 한다. 남들과 똑같이 공부해서는 절대 남들보다 잘할 수 없다. 이번 시험에서는 10번씩 공부할 각오로 해라'라고요."

시험으로 능력을 평가받는 것에 사람들은 많은 스트레스를 받는다. 하지만 경쟁은 주어진 운명처럼 세상을 사는 동안 계속된다. 그리고 성적을 높이는 노력의 양에 비례해서 성공할 확률도 높아진다. 사회에 나오면 스스로 자신의 가치를 증명해야 한다. 학교에서는 교과서와 참고서가 있고 부모님의 지원도 기대할 수 있겠지만 사회에 나오면 전혀 다른 세상이 펼쳐진다.

세상은 성공한 인생을 살아야 한다는 숙제만 던져줄 뿐, 방법은 가르쳐 주지 않는다. 그러면서 결과에 대해서는 확실한 책임을 묻는다. 그렇게 실전에 돌입하게 되면 차분하게 준비할 시간을 확보하기가 더욱 어려워진다. 그래서 충분히 연습하고 남들보다 더 빠르게 실전에 대한 준비를 마쳐야 하는 것이다.

사람이라는 존재는 남들과 비교당하는 것을 싫어하면서도 막상 자신은 스스로를 남들과 비교하는 이율배반적인 측면을 갖고 있다. 그런 사람들이 모여 살고 있는 곳이 세상이다. 철저하게 외적인 조건으로 서로를 평가하며, 남들의 평가가 내 인생을 결정하고 내 평가가 누군가의 인생에 영향을 끼친다. 비교를 당하지 않으려면 최대한 남들보다 초집중 상태를 제대로 만들어낼 수 있어야 한다.

살면서 남과 비교당하는 것은 벗어날 수 없는 숙명과 같다. 그래서 노력도 비교의 관점에서 생각해야 한다. 사람들은 이루지 못한 꿈은 인정해주지 않는다. 노력은 마음 속으로 혼자 판단하는 것이 아니라 눈에 보이는 결과를 통해 남들로부터 평가받아야 하는 대상이다. 세계적으로 대성공을 거둔 마이크로소프트 창립자 빌 게이츠 또한 이렇게 말했다.

"세상은 네 자신이 스스로를 어떻게 생각하든 관심이 없다. 세상은 네가 조그만 것을 증명하기를 기다린다."

모든 생명체는 마지막 순간까지 계속 노력하고 발전하려는 사명을 가져야 한다. 많은 사람은 자기 인생은 자신의 것이고 자신이 선택할 수 있다고 믿는다. 그러나 실제로 우리 인생은 타인에게 달려 있는 부분들이 매우 많다. 사업을 할 때도 그 사업의 운명을 쥐고 있는 것은 내가 아닌 고객들이다. 타인에게 필요한 사람이 되지 못하면 세상에서 외면당한다. 차별화된 초집중 상태를 만들 수 있는 자가 세상 어느 곳에서든 환영받는다.

자신이 원하고 꿈꾸고 있는 미래의 모습에 걸맞는 노력을 하라. 노력이란 더 나은 미래를 얻기 위해 지불해야 하는 대가다. 또한 노력은 정직하다. 대가를 치르는 만큼 얻는 것도 커질 것이다. 꿈꾸는 미래가 거대하고 멋있는 것이라면 지금 지불해야 하는 대가도 커질 수밖에 없다. 억대소득자가 되는 것이 꿈이라면, 지금 당장 억대소득자라면 어떤 노력을 하면서 공부할까를 생각하면서 노력하라는 뜻이다.

성공은 절대 외상으로 살 수 없다. "대학에 합격시켜주면 열심히 공부할 수 있다" 혹은 "회사에 입사시켜주면 죽을 힘을 다해서 노력하고 일하겠다"라는 식의 요행을 바라지 마라. 노력이 먼저다. 노력의 결실을 증명하기 전까지는 원하는 시험에 합격하거나 자신의 꿈을 이룰 수 없다. 이것이 성공의 기본 조건이다.

초집중력만 있으면
인간관계는 저절로 된다

인간관계를 굉장히 거창하게 생각하는 사람들이 많다. 대부분의 사람은 인간관계가 어렵다고 생각한다. 친구와 사소한 다툼을 하고 그로 인한 스트레스가 공부하는 데 큰 지장을 초래하기도 한다. 인간관계를 잘해야 한다는 강박이나 부담감을 잠시 뒤로 하고 생각해보라.

인간관계는 살아가는 데 있어서 매우 중요한 부분이지만 자신의 남다른 능력으로 고도의 집중과 몰입 상태, 즉 초집중을 만드는 것에 주력하면 인간관계는 매우 수월해진다. 왜냐하면 우리가 관계를 맺는 인간은 '초집중 상태'를 원하는 존재이기 때문이다. 사람들은 성공한 이들이 평생토록 가장 중시하고 노력한 부분이 무엇인지, 그들의 삶의 철학에 대해 궁금해하며 배우고 싶어 한다. 그들은 각 분야에서 고도의 집중 상태를 만들 수 있었기에 자신감이 넘치며 행복한 인간관계도 가능해졌다. 그래서 인간관계를 제대로 형성하고 세상에 나를 크게 알리려면 반드시 어떤 분야에서 '고도의 집중과 몰입 상태'를 멋지게 잘 만들 수 있는 능력을 먼저 갖추어야만 한다.

'초집중'을 만들 수 있는 능력만 갖추면
자연스럽게 의미 있는 강력한 인맥을 쌓을 수 있다.

나도 20대에 처음 만난 원장님들로부터 기회를 얻을 수 있지 않았는가. 만약 내가 실력이 없는 상태에서 인맥만을 찾고 싶은 욕망만 있었다면 사람들과 세상이 나를 무시할 수밖에 없었을 것이다. 실력 없는 인맥은 부질 없다. 인간관계는 인위적으로 하려고 하기보단 물 흐르듯이 저절로 되는 거라는 인식을 갖추어야 한다.

인간관계를 정말 잘하고 싶다면 이제부터 해야 할 중요한 것이 있다. 진짜 인맥을 구축하고 싶은 사람은 인간관계를 일정 시간 동안은 잠시 내려놓을 수 있어야 한다. 실력이 없는 상태에서 인간관계는 방해요소이기 때문이다. 불필요한 인간관계를 정리한 다음 내가 진짜로 원하고 좋아하는 것으로 남들을 초집중시킬 수 있는 능력을 키워낸 뒤에 자연스럽게 사람들과 관계를 맺는 게 진정한 인간관계이다.

그럼 사람들과 만나지 말고 혼자 공부하고 노력하라는 것인데, 너무 외롭지 않겠냐고 생각할 수도 있겠다. 그런데 정말로 외로운 게 무엇인지를 제대로 알아야 한다. 발전 없는 사람들과 만나서 인간관계를 한다고 해서 무슨 의미가 있겠는가? 행복한 미래도 없고, 꿈도 없이 술 마시면서 서로 신세한탄을 하거나 의미 없는 이야기를 하며 시간을 허비하는 것이야말로 정말로 외로운 것이다.

인간은 기껏해야 백 년 안팎의 짧은 인생을 산다. 짧은 삶 속에서 깊은 공감을 나눌 수 있고, 서로 고도의 집중과 몰입 상태가 되면서 감동을 느낄 수 있는 관계를 만든다면 진짜 가치있는 삶을 사는 것이다.

'인간관계' 하면 친구부터 떠올리는 사람이 많다. 친구가 많으면 행복한가? 그 친구가 고도의 집중과 몰입 상태를 진짜 잘 만들어내는 존재로서 자기관리와 사회적인 기능을 잘하는 친구라면 진짜 좋은 친구다. 그런데 내 주변에 그런 상태를 못 만들어내는 친구만 있다면 본인 자체의 격도 떨어질 수밖에 없고, 친구라는 존재가 나에게 부정적인 영향을 주는 원수가 되기도 한다. 나는 원수를 친구라고 착각하는 사람들을 의외로 많이 보았다. 내가 어떤 이야기를 할 때 잘될 거라고 응원해주는 친구가 몇 명이나 되는지 떠올려보자. 부정적 암시를 하는 친구들은 서로의 발전을 막아버린 악연과 같다. 진정한 친구는 양보다 관계의 질이다.

멘탈이 약한 사람의 특징은 자기계발을 위한 인간관계가 아닌,

위로받고 인정받기 위해 사람에게 집착하는 경향을 보인다. 지구상의 약한 동물에게 공통적으로 나타나는 특징은 '뭉친다'는 것이다. 약한 종일수록 더 많은 개체가 모여 군집생활을 한다. 반면에 사자나 호랑이 같은 먹이사슬의 최상위로 갈수록 여럿이 뭉치지 않고 혼자 다니거나 적은 수의 무리를 이루고 생활하는 것을 볼 수 있다. 인간도 초집중을 통해 힘을 키우면 생존을 위해 타인에게 의존할 필요가 없게 되는 것이다. 인정욕구와 의존욕구에서 벗어나면 인간관계가 보다 자유로워진다.

여럿이 모여서 시간을 낭비하는 인간관계에서 벗어나서 자신이 원하는 삶을 위해 초집중하라. 초집중을 통해 성취한 전문 지식과 능력을 바탕으로 건강한 인간관계를 해낼 수 있다. 반면에 초집중 상태를 만들어 낼 수 없는 수동적인 삶을 산다면 인간관계를 아무리 잘하고 싶어도 결코 쉽지 않을 것이다.

인간관계에 대해서 깊이 이해하고 그 본질을 깨닫게 되면 친구들을 매번 만나지 않아도 외롭지 않다. 내가 가장 좋아하고 잘하는 일로 성취를 이루고, 타인을 초집중 상태로 만드는 과정에서 맺어진 관계가 정말 가치있고 멋진 관계라는 것을 깨닫는 순간, 내가 정말 좋아하는 일과 사랑하는 사람들과 충분히 의미 있고 행복한 시간을 누릴 수 있게 된다. 이는 곧 원치 않는 인간관계에 끌려다니거나 집착하지 않아도 된다는 것을 의미한다.

그러니 이제부터 기존의 부정적이고 무의미한 인간관계에서 벗어나라. 인간의 인생은 어차피 수십년에 불과하다. 왜 세상 모든 사람들과 관계를 맺고 고민해야 하는가.

"왜 남한테 장단을 맞추려고 하나.
북 치고 장구 치고 네가 하고 싶은 대로 치다 보면
그 장단에 맞추고 싶은 사람들이 와서 춤추는 거야."

유튜버 박막례 할머니가 말한 것처럼 남의 눈치를 보지 말고 내가 춤추고 싶은 대로 춤을 추면(초집중을 만들면) 그 장단에 맞춰서 놀고 싶은 사람들이 모이는 것이다. 초집중의 힘을 믿고 초집중을 만들어낼 수 있는 자신의 힘만 잘 키우면 된다. 그 힘을 키우기 위해서 무의미한 인간관계를 끊고 자신의 분야에서 노력하라. 그런 다음 세상 사람들과 원없이 연결하면서 삶이 다하는 날까지 신나게 살다 가는 거다.

운을 높이고 싶다면
책임감을 갖춰라

　노력과 운 중에서 어떤 것이 성공하는 데 더 중요하다고 생각하는가? 이렇게 물으면 사람들은 대체적으로 노력이 중요하다고 말한다. 앞에서도 이야기했듯 나는 노력의 가치를 누구보다 인정하면서 살아가는 사람이지만 이 질문의 정답은 운이다. '운이 7이면 재주는 3밖에 안 된다'는 말이 있는데(운칠기삼), 큰 성공을 이룬 사람들을 보면 '나는 운이 9였다'라고 말하는 경우도 많다. 하지만 성공한 사람들이 운 때문에 성공했다고 말하더라도 그 이면에 녹아든 진정한 노력을 알아볼 수 있는 지혜로움을 갖춰야만 성공에 가까워진다.

　인간은 누구나 노력을 한다. 노력하지 않는 사람은 없다. 각자 자신의 상황과 조건 속에서 나름의 노력을 했고 그 결과 속에서 살아가고 있는 것이다. 하지만 한 사람이 어떤 시대, 어떤 나라, 어떤 부모 밑에서 태어났고, 어떤 스승 밑에서 지식을 배웠는가에 따라 그 사람의 운적인 부분이 완전히 달라진다. 일단 주어진 환경적 운에 따라 당사자가 할 수 있는 노력의 간극이 하늘과 땅 차이로 벌어지는데, 예를 들어 당신이 운이 좋지 않아 북한의 하위 계층으로 태어났다면 아무리 노력한다 해도 분명 한계가 있을 것이다.

그렇다면 진짜 노력은 어떤 노력이 되어야 하는가? 고차원의 지능을 가진 인간은 누구나 노력을 한다. 하지만 지식과 방법이 올바르지 않은 상태이기에 실패했던 것뿐이고, 노력했지만 타인들에게 고도의 집중과 몰입 상태를 만들기에는 노력의 양과 질이 충분하지 못했던 것이다. 남들이 다 인정할 수밖에 없는 성취를 이루려면 자신의 '운까지 높일 수 있는 노력'을 해야 한다. 그것이 가능해지려면 인간이 어떻게 기능하고 인생이 어떻게 돌아가는지 명확하게 알고 있어야 하는데 대부분의 사람들이 근원적이고 본질적인 지식이 부족한 상태에서 노력하기 때문에 스스로 한계를 설정하게 되고, 자가당착에 빠진다.

그렇다면 운을 높이는 생각과 방법은 무엇일까? 운을 높이는 노력은 굉장히 다양하게 존재한다. 많은 방법이 있겠지만 운을 높이려면 반드시 올바른 책임감을 갖추는 것이 필요하다고 강조하고 싶다. 책임감에 대한 올바른 인식을 갖추지 않고 노력하는 한 결코 크게 성공할 수가 없다. 책임감이 없는 사람은 시험 성적도 크게 올릴 수 없다. 책임감을 갖춰야 한다고 이야기하면 사람들은 자신이 이미 책임감에 대해서 안다고 생각하지만 대부분 착각인 경우가 많다. 책임감에 대한 정확한 개념을 설명할 수 있어야 하고 또 그것이 생활 속에서 면면히 활용되어야 할 것이다. 책임(responsibility)이라는 단어는 '반응하다(respons)'와 '능력(ability)'의 합성어이다.

즉, 책임감이란 '반응을 잘하는 능력'을
갖춘 사람들이 갖고 있는 마음가짐이다.

그렇다면 반응을 잘하는 능력이란 무엇인가? 예를 들어 보겠다.
손에 오렌지를 갖고 있다가 떨어뜨린 후 발로 으깨버린다면 무엇이 될까? 쓰레기다. 그런데 오렌지로 껍질을 잘 벗기고 위생적인 생산 관리와 전 세계적으로 브랜딩, 마케팅까지 잘 한다면 썬키스트나 델몬트 같은 유명 브랜드까지 만들어 낼 수 있게 되고, 세계적인 기업이 되어 엄청난 부를 이룰 수도 있을 것이다. 정확히 이해가 되었는가? 이렇게 똑같은 오렌지로 완전히 다른 결과를 얻게 되는 이유는 무엇인가? 정답은 반응이다. 같은 오렌지라 할지라도 오렌지를 대하는 반응이 달랐기 때문에 전혀 다른 결과가 만들어진 것이다.
이처럼 우리의 인생도 마찬가지다. 우리의 삶은 시시각각 변화하는데, 달라지는 외부 조건과 환경 요소 등에 대해서 내가 반응을 어떻게 하느냐로 인해 완전히 달라진다. 각 상황에서 누구는 참신한 반응을 할 수 있지만 어떤 자들은 어리석은 반응을 할 수밖에 없다. 모든 상황에서 반응을 하는 주체는 나다. 그러니 남을 원망하고 핑계를 대는 자들은 아주 어리석고 안타까운 사람들인 것이다. 성공하는 사람들은 남의 탓을 절대 하지 않는 법이다.

왜 사람들은 이렇게 저마다 다른 반응을 하는 것일까? 사람마다 지식과 경험의 수준, 무의식의 상태가 다르기 때문이다. 꼭 알아야 할 법칙과 진리들이 제대로 잠재의식에까지 내면화된 사람들은 어떤 상황과 조건이 갑작스럽게 만들어질지라도 그 상황에서 내면화된 법칙과 진리 안에서 적절하고 제대로 된 반응을 할 수 있다.

우리는 매순간 다양한 상황에서 수많은 선택을 하게 된다. 가령 엘리베이터를 타는 상황에서도 여러분은 그 상황 속에서 타인을 보고 어떤 반응이라도 하게 된다. 동승객에게 인사를 할 수도 있고 안 할 수도 있다. 인간은 삶의 모든 상황에서 어떤 반응을 할 것인지 '선택'할 수밖에 없는 존재다. 매번 자신이 선택한 반응에 따라서 삶이 만들어진다. 그래서 언제나 자신이 처한 상황에서 가장 의미있고 가치있는 반응은 무엇인지 깊게 생각하고 실행하려는 마음을 가져야 한다.

같은 학교나 학원에서 공부한 수험생들의 성적이 다르게 나오는 것은 어떤 이유 때문일까? 정답은 수험생들이 수업 시간에 다르게 반응했기 때문이다. 어떤 자는 수업에 완전히 집중해서 선생님들의 설명을 제대로 이해하려고 노력했겠지만, 어떤 자는 전혀 집중하지 못하고 딴 생각을 하는 것을 선택했을 것이다. 자유시간을 주었을 때도 누군가는 게임을 하지만, 누군가는 배운 것을 복습했을 것이다. 언제나 이렇게 여러분이 반응한 것으로 여러분의 미래가 실시간으로 결정되고 있음을 깨달아야 한다.

사람들이 자주 호소하는 우울증은 자기통제감이 낮아질 때 주로 발생한다. 책임감을 제대로 갖추고 살기로 결심했다면, 언제나 모든 상황에서 더 가치있고 적절한 반응을 스스로 선택하고 있음을 인식하고 있기 때문에 자기 통제감을 높이는 데 매우 도움이 된다. 우울감을 느낄 수조차 없게 되는 것이다. 책임감을 제대로 갖추려고 하는 자세야말로 나 자신과 자신의 삶을 온전히 받아들일 수 있는 길인 것이다.

우리는 삶이 다하는 날까지 자신에게 주어진 상황에서 어떤 반응을 할 것인지를 계속해서 선택하며 살아가야 한다. 그러므로 이제부터는 성공하는 사람들이 문제 상황에서 어떻게 반응하는지 눈여겨 보면서 그 적절한 반응들을 배울 수 있어야 한다. 여러분은 얼마든지 자신에게 남은 삶에서 올바른 반응과 선택을 통해 자신의 인생을 멋지게 바꿔나갈 수 있다.

자, 자신이 어떤 일을 '했기 때문에' 발생한 일은 누구의 책임일까? 당연히 그 일을 한 자신의 책임이다. 여기까지는 누구나 동의할 것이다. 근데 잘 생각해보라. 모든 사람들이 자신이 한 일로 인해 벌어진 결과에 책임을 지며 살아가는가? 아닐 것이다. 가령 자신의 실수로 타인의 차에 접촉사고를 낸 경우에도 사람에 따라서 반응이 달라질 수 있다. 누군가는 남들이 보지 않았거나 감시 카메라가 없다면 도망가는 반응을 선택하는 사람도 있다. 자본주의 체제 하에서 자신이 한 일에 대한 책임을 제대로 지려면 일정 수준의 성취를 해야지만 가능하다고 할 수 있다. 금전적인 여유가 없다면 실제 행동에서는 자신이 한 일조차도 책임지지 않으려고 하는 안타까운 자가 되기 마련이다. 자신이 한 일조차도 책임지지 않는 무책임한 삶을 사는 사람들은 끝없이 자기합리화를 하고 자신의 인생조차 책임지지 못하는 안타까운 인생을 살 수밖에 없다.

그렇다면 자신이 어떤 일을 '하지 않아서' 발생한 일은 누구의 책임인가? 이것도 사실 자신의 책임이다. 공부를 하지 않아서, 중요한 사람을 만나지 않아서, 아침 일찍 일어나지 않아서, 도전하지 않아서 발생한 일도 모두 나의 책임이다. 어떤 일을 하지 않아서 발생한 것조차도 진정으로 자신의 책임이라고 느낄 수 있는 사람만이 책임감 있게 살 수 있고 차원이 다른 행복감도 누릴 수 있는 것이다. 가령 하루의 계획을 세우지 않고 하루를 헛되게 보낸 것도 당연히 자신의 책임으로 느껴야 한다. 존경할 수 있는 멘토나 스승이 없는 것도 스승을 찾아나서지 않은 자신의 책임이며, 돈을 많이 벌지 못한 것도 돈을 버는 것에 대한 지식을 충분히 습득하지 않고 실행하지 못한 자신의 책임이란 것을 진심으로 인정하라.

이 사실을 명심하면 그때부터는 비로소 계획적이고 주체적이며 발전적인 삶이 시작된다. 나도 어릴 적에는 계획도 없고 무책임한 사람이었다. 하지만 내가 어떤 일을 하지 않아서 발생되는 일이 내 책임이라는 걸 깨닫게 되니까 자연스럽게 계획적인 사람이 되었던 것이다. 내게 주어진 한정된 시간 안에 무엇이 더 중요하고 우선인 지를 모르고 마구잡이로 할 때 발생하는 일도 내 책임이란 것을 알기에 어떤 일을 할 때도 가장 우선이 되는 일부터 체계적으로 처리할 수 있었다. 이렇게 인생을 살면서 진정한 책임감을 갖춘 사람이 되고자 노력하는 마인드와 신념은 내가 남들과 전혀 다른 삶을 살게 해준 원동력이 되었다.

내가 지금까지 존재하지 않았던 심리 수업을 도입하기 위해 약속도 없이 대형학원 원장님을 만나려고 뛰쳐들어간 이유는, 내가 그렇게 행동하지 않아서 이 나라의 젊은이들의 정신을 멋지게 일깨워주는 심리 수업을 만들어내지 못한다면, 그것은 나의 책임이라고 느꼈기 때문에 가능했던 것이다. 남들보다 큰 성취를 이룬 분들은 대부분이 자신이 행동하지 않음으로써 발생된 일도 자신의 책임이라고 인정하며 살았다고 할 수 있다. 안중근 의사만 하더라도 자신이 직접 이토 히로부미를 처형하지 않아서 후손들이 일본의 속국에서 살게 된다면 그것이 자신의 책임이라고 느꼈기 때문에 두려움도 불사하고 민족을 위하여 큰일을 할 수 있었던 것이다.

다시 강조하지만 반응을 잘하면 여러분의 인생은 멋지게 펼쳐질 것이며, 무가치하고 어리석게 반응한다면 인생은 꼬이면서 괴로워질 수밖에 없다는 것을 명심하라. 언제나 자신에게 현재 주어진 상황과 조건 속에서 지혜로운 반응을 만들어 내라.

반응을 잘한다는 것은 가장 본질적이고 가치있는 법칙들을 내면화시키면서 살아가겠다는 것을 말하는 것이다. 이미 그렇게 법칙을 내면화시키면서 살아가는 사람들은 사회적으로도 인정받을 정도로 높은 성취를 이루어낸다. 이미 반응을 잘한 결과로 각 분야의 높은 지위를 달성한 사람들은 남들을 평가할 때 각 상황과 조건 속에서 어떻게 반응하는가를 보고 그 사람을 판단해낸다. 그러니 인생의 주인공이 되고 싶다면, 인생의 주인공으로 살아간 사람들이 어떤 상황에서 어떤 반응을 제대로 하는지 정확히 분석해서 자신의 삶에서도 적용시켜야 할 것이다. 진리가 우리를 자유롭게 만들어 준다. 언제나 지식과 진리를 내면화하는 노력을 꾸준히 해나간다면 어떤 상황이 펼쳐지더라도 그 상황에 적합한 반응이 무의식적으로 나오게 되는 날이 올 것이다.

큰 성공을 위해
때로는 규칙을 깰 수 있어야 한다

이 세상에는 규칙이라는 게 있다. 특히 전자 신호가 모든 것을 결정짓는 디지털 사회는 프로토콜(절차, 규약)에 길들여져 있다. 우리는 언제나 규칙을 강요받으면서 그것을 당연시하고 으레 규격화된 행동만을 하게 된다. 세상은 넓고 여러 가지 가능성이 있는 시대임에도 불구하고 표준화되고 정형화된 길을 걸으려고 하는 사람들이 오히려 넘쳐나는 것도 이 때문이다.

그렇다면 절차와 규약 등을 만들어서 사람들을 규격화하는 프로토콜은 누가 만들어내는 것일까? 바로 강자이다. 보통 프로토콜은 사회적으로 더 높은 위치에 있는 사람들이 만들어낸다. 가령 시간을 할애하기 어려운 대기업의 회장과 만나고 싶다면 아래 직원들에게 일일이 검증을 받은 다음 만날 수 있게 절차를 만드는 것이다. 여러분이 강자가 된다면 프로토콜을 안 만들 것 같은가? 프로토콜이 세상에 존재하는 것은 막을 수 없는 순리다.

여러분이 프로토콜을 만들어낸 강자라고 가정하고 내 질문에 답해보라. 당신이 만든 프로토콜을 그대로 따르면서 당신을 만나러 온 젊은이와 기존의 프로토콜을 깨고 당신과의 만남을 즉각적으로 만들어낸 젊은이 중에서 누가 더 당신의 관심을 끌 수 있을까? 아마 후자일 것이다.

교육의 목적도 이와 같다. 이미 만들어진 규칙을 무조건 따르고 추종하는 사람들을 만드는 것이 아니라, 규칙을 비판하고 개선할 수 있는 능력을 배양하는 것이다. 진정한 자유를 누리는 삶을 살아가려면 남들이 만든 규칙을 무조건 순종적으로 따를 것이 아니라, 필요하다면 기존 규칙도 깨고 새로운 판을 만들 수 있는 사람이 되어야 하는 것이다. 규칙에 불만이 있으면 그 규칙을 깨고 새로 만드는 사람이 되어야 한다. 세상은 이런 사람들을 인정하고 좋아한다.

나 또한 젊었을 때부터, 세상이 만들어 놓은 프로토콜을 깨버렸기 때문에 성공할 수 있었다. 학원장들에게 약속 없이 찾아가서 심리 수업을 런칭한 것이지 학원에 공문을 보내거나 전화를 걸어서 만남을 요청한 것이 아니었다. 그렇다고 내가 무례한 젊은이였기 때문에 그런 행동을 했다고 생각하지 않기를 바란다. 범죄가 아닌 이상 세상이 마음대로 정해놓은 프로토콜을 조금은 무시하고 깰 수 있는 깡과 기운이 있어야 큰 발전과 성공을 할 수 있는 법이다. 많은 젊은이들이 개성을 잃어가고 모두 똑같이 정형화되어 가고 있는 것을 보면 안타깝고 우려스럽다.

그렇다고 모든 규약, 규칙을 다 어기라는 뜻이 아니다. 다만 분명히 당부하고 강조하고 싶은 것은 무조건적으로 규칙을 지키는 것이 우선이 아니라는 것이다. 본질을 볼 수 있어야 한다는 뜻이고, 본질에 해당하는 자신의 목표를 관철시키기 위해서는 기존의 규칙도 깰 수 있는 확신과 용기가 있어야 한다는 뜻이다.

규칙만을 지켜서는 꿈을 크게 이루고 성장할 수 없다. 반드시 목적의식을 더 확실히 갖춘 뒤에 규칙도 생각해야 한다. 하지만 대부분의 사람은 사람들은 규칙을 위한 규칙을 만들고 거기에 길들여진다. 회사에 입사하기 위해 이력서 형식과 규칙대로 자신을 소개하고, 하라는 대로 하지만 면접도 통과하지 못하면 좌절하며 다시 다른 회사에 이력서를 써서 낸다.

강자들이 만들어놓은 기존의 규칙에서 빠져나와라.

상대방을 돕겠다는 진심을 갖고 상대를 설득할 수 있는 지식을 탄탄하게 갖추었다면 필요에 따라서 규칙을 깰 수 있어야만 한다. 이런 마음을 갖고 노력하면 당신이 소위 말하는 '빽'이 전혀 없어도 당신을 이끌어주고 기회도 줄 수 있는 귀인을 비로소 만날 수 있게 될 것이다.

브리태니커 백과사전 방문 판매를 하는 스물여섯 살의 세일즈맨이 있었다. 아시아 지역에서 판매 1, 2위에 세일즈 능력이 대단했던 그는 당시 김우중 전 대우그룹 회장(당시 재계에 거물이었다)을 만나기 위해 특별한 전략을 세웠다. 그는 새벽 5시에 김우중 회장의 집에 찾아가 중앙정보부에서 왔다고 거짓말을 해서 집으로 들어갔다. 영향력 있는 결정권자를 찾아가 자신의 실력을 검증받을 수 있는 기회를 스스로 마련했던 것이다. 당연히 쫓겨날 위기였지만 10분만 내달라고 하면서 말할 기회를 얻었고, 차 한 잔을 하면서 브리태니커 백과사전 한 질을 김우중 회장에게 팔았다. 다음날, 대우그룹 비서실로 결제 대금을 받으러 갔더니 과장직으로 스카웃 제의를 받았다고 한다. 하지만 그는 제의를 거절했고, 회사를 창업해 한국프렌차이즈 협회장을 역임한 대표로서 승승장구했다.

오니규와 케이에스앤비 이명훈 대표의 일화이다. 아날로그 방식(전자신호가 모든 것을 결정하는 것처럼 보여질지라도 인간사회에서 최종 결정권자는 언제나 인간이라는 뜻으로 쓴 말이다)은 여전히 계속 통하고 있다. 반사회성을 가진 인간이 되라는 것이 아니다. 자신이 세상의 목표를 언제나 생각하고 각인하면서 세상에 기여를 하겠다는 주인공 의식을 가지라는 것이다. 이렇게 주인공 의식이 무의식에서 차고 넘치게 되면 이젠 기존의 프로토콜을 깨도 되는 명분과 이유를 얻게 된 것이다.

그렇게 되면 새벽 5시에 찾아가는 쇼를 하면서까지도 대단한 사람들을 만날 수 있는 남다른 행동을 할 수 있게 된다. 당신이 진심을 다해서 계속 열정적으로 쇼를 할 수 있다면 처음엔 다소 거부감을 느꼈던 사람도 당신을 인정하게 될 때가 온다. 그러니 부디 큰 생각과 포부를 갖춰라.

나 역시 나라의 젊은 인재들을 양성하는 이 일이 정말 가치 있는 일이라고 굳게 믿고 있다. 그들에게 긍정적인 영향을 주는 나를 스스로 주인공으로 생각했고, 사명감을 갖고 임했기에 남들이 만들어놓은 규칙에 연연하지 않고 소신껏 행동할 수 있었다. 여러분들도 부디 보다 큰 목표를 설정하고 그것에만 완전히 초집중하기 바란다. 그렇게 살다 보면 사회가 정해놓은 기존의 규칙과 절차들을 바꾸는 기회를 얻게 되고, 더 멋지고 행복한 세상을 만드는 데 일조하게 될 것이다.

죽음 앞에서도
의연한 삶을 살아라

"신은 인간을 질투해. 인간에게는 죽음이라는 게 있거든.
우리는 항상 마지막 순간을 살고 있지.
그래서 삶이 아름다운 거야."

영화 「트로이」에서 영웅 아킬레스가 하는 말이다. 신들은 왜 인간을 질투할까? 단순히 인간이 죽기 때문이 아니다. 신은 영원한 삶을 살기에 순간의 강렬한 감정을 느낄 수 없을 것이다. 하지만 유한한 삶을 사는 인간은 순간에 대한 강렬한 감정을 느낄 수 있다. 지금이 아니면 할 수 없는 일들이 있기 때문에 초집중할 수 있고, 다시 돌아오지 않을 순간이 있기 때문에 더 소중한 것이다. 신은 바로 이러한 상태를 부러워한다는 뜻일 것이다.

태어난 이상 인간은 누구나 죽음을 맞이하게 된다. 죽음이란 것은 세상 모든 것을 무력화시킬 수 있는 가장 강력한 힘이 있다. 모든 인간은 삶을 사는 동안 매순간 죽음에 조금씩 가까워지고 있는 것이다. 누구도 피할 수 없고 언젠가 맞이해야만 하는 죽음에 대해서 우리는 얼마나 준비가 되어 있는가? 그리고 죽음에 대한 최선의 대비책은 과연 무엇일까?

스물여덟 살의 한 러시아 청년이 정부를 비난하는 글을 써서 사형을 선고 받았다. 집행일이 되어 넝마 하나 뒤집어쓰고 사형장으로 끌려 가는데도 죽음에 대한 공포심 때문에 추위도 전혀 느껴지지 않았다. 사형 집행인이 마지막 5분의 시간을 통보했다.

'2분 동안은 내 삶을 반추하자. 2분 동안은 사랑했던 사람들의 얼굴을 떠올려보자. 1분 동안은 다시는 볼 수 없을 아름다운 자연의 모습을 내 두 눈에 담고 죽자.'

삶의 마지막 5분은 야속하게도 순식간에 흘러버리고 총알이 장전되었다. 이젠 정말 죽었다고 생각하는 그 순간, 말발굽 소리가 들려왔고 잠시 집행이 멈춰졌다. 정부에서 그를 죽이지 말고 4년 동안 최악질 범죄자가 있는 교도소에서 보내고, 4년 동안 전쟁터에 내보내서 살아 남으면 석방하라고 명을 내린 것이었다. 그는 죽다 살아났지만, 인간의 가장 추악하고 극단적인 모습들을 접하는 상황에 놓였다. 트라우마를 겪거나, 정신병자가 될 수도 있는 상황을 경험하게 된 것이다. 하지만 그는 극단적인 상황을 견뎌냈고, 오히려 인간에 대한 본성과 무의식에 대한 통찰을 얻게 되면서 이를 바탕으로 글을 썼다. 그리고 전 세계 모든 문인들에게 영향을 준 대문호로서 명성을 떨치고 삶을 마감했다.

그는 바로 『죄와 벌』의 작가 도스토옙스키다. 도스토옙스키는 스물여덟 살의 나이에 죽음을 이미 경험했던 것이다. 그리고 인생을 5분의 연속으로 생각하면서 순간을 소중하게 여기고 자신이 해야 하는 일에 초집중할 수 있었다. 이 정도면 신도 부러워할 만한 인생을 살았다고 할 수 있겠다.

라틴어로 'Memento mori(죽음을 기억하라)'라는 말이 있다. 언제 죽게 될지를 의식적으로 늘 생각하라는 의미가 아니다. 무의식에 인생이 유한한 것임을 깊이 새기고 살아가라는 뜻이다. 정해진 시간 동안 살다 가는 존재임을 정신에서 받아들인다면 무엇이 더 중요하고 가치 있는 것인지를 인식하며 살게 되고 결국 의미있는 삶을 살게 된다. 죽을 수밖에 없는 우리 인간이 죽음에 대비할 수 있는 최고의 대비책은 '죽어도 여한이 없을 정도로 순간을 강렬한 초집중 상태'로 만들어 가려는 노력을 하는 것, 그리고 타인을 초집중 상태로 이끌어 내며 그들에게 감동을 주고 인정받으면서 살아가는 것이다.

인간이 죽기 전에 가장 많이 하는 후회는 '내가 그걸 왜 안 했을까…'이다. 죽음을 앞두고 자신이 한 일에 대해서 후회하는 사람들보다 자신이 하지 않은 일을 한탄하면서 죽는 사람들이 훨씬 많다.

「드래곤볼」이라는 만화를 보면 샤이어인이란 민족이 있다. 샤이어인은 죽도록 맞고 회복하면 전투력이 두세 배 더 커지는 민족이다. 만화이기에 과장이 매우 크지만 사실 일정 부분은 진리를 내포하고 있다. 모든 생명체는 죽을 듯한 고통을 당하고 그것을 이겨내면 더욱 강해진다. 바이러스가 몸속에 침투해서 감기가 걸렸을 때를 가정해보자. 우리는 며칠 동안 아프고 힘든 시간을 겪을 수 있지만 결국 그 바이러스에 대한 항체를 만들어내고 극복한 이후에는 같은 바이러스에게 또 당하지 않는다.

정신적인 측면도 마찬가지다. 우리 속담 중에 '비 온 뒤에 땅이 굳는다'는 말처럼 그 고통을 이겨낸다면 정신도 더욱 성숙해지고 강해진다. 우주의 모든 생명체는 죽을 듯한 고통에도 죽지 않고 이를 극복해내면 반드시 전보다 더 강한 생명체로 탄생하는 것이다.

> "나를 죽이지 못한 것이 나를 더욱 더 강하게 만들어준다."
> What doesn't kill me makes me stronger.

많은 사람들이 니체가 한 말로 기억하는 이 말은 인류 모두에게 해당되는 것이다. 그리고 발전적인 삶을 살기 위해서 반드시 마음속에 새겨둬야만 하는 진리이다.

소위 영웅들은 자기 스스로를 극한의 상황으로 내몰고 그 상황에서 자신이 최대한 끌어낼 수 있는 궁극의 힘을 얻어내었다. 반면에 편안함만을 좇으며 죽음이 떠오를 만큼 극적인 상황을 한 번도 경험해보지 않은 사람이 자신의 진정한 힘을 알 수 있을까? 절대 그럴 수 없다. 이 진리를 젊은 날부터 마음 속 깊이 새기고 활용한다면, 힘든 상황은 더 이상 단순한 고통이 아니라 나를 발전시키는 원동력이자 축복으로 느껴질 것이다.

'내가 지치지 않거나 피곤하지 않다면 제대로 한 게 아니다.'

20대 어느 시점부터는 이런 생각을 하면서 계속 단련하며 살아왔다. 요즘은 대부분의 젊은이들이 편안한 삶을 추구하는 것 같다. 현실에 안주하고 싶은 것은 인간의 본능일 수 있지만 그것이 도대체 어떤 가치있는 것을 만들 수 있는지 생각해보았으면 좋겠다.

관에 누워있는 것보다 편안한 것이 세상에 있을까? 편하게 있으려고 태어난 것이 아니지 않는가. 아무것도 하지 않으면 아무 일도 일어나지 않는다. 자신이 원하는 것으로 고도의 집중과 몰입 상태를 만들어내고 남들도 그 상태로 만들어 주면서 기쁨을 만끽해야만 한다. 초집중 상태의 희열을 느껴보지도 못했는데 죽음이 임박해 온다면 그 얼마나 허망하겠는가.

누군가는 '그렇게 최선을 다하다가 과로사로 죽을 수도 있지 않을까?'라고 생각할 수도 있겠다. 우리 인간은 목표가 분명한 상태라면 죽을 힘을 다해서 노력해도 쉽게 지치지 않는다. 마라토너들은

49.195km를 뛴다. 베를린 마라톤 세계 신기록인 2시간 1분 39초는 평균시속 20.98km/h이고 17.29초마다 100m씩 돌파하는 것이며 1km당 2분 50초 페이스를 유지하는 것이다.

이렇게 인간의 한계에 도전하는 마라톤은 경기 중에 정말 뼈가 부서질 것 같고 심장이 터질 것 같은 엄청난 고통이 밀려올 것이다. 하지만 그런 고통 속에서도 목표에 집중하면서 고통을 참고 계속 해서 뛰다 보면 어떤 선수들은 뇌에서 도파민과 엔도르핀과 같은 신경 전달물질이 나오면서 이내 고통은 사라지고 희열을 느끼며 더 빨리 달릴 수 있게 된다. 이것을 '러너스 하이(runners high)'라고 한다.

이런 러너스 하이 현상은 젊은이들의 전유물이라고 표현해야 할 것 같다. 나이가 들수록 자연 치유 능력도 떨어지기 때문이다. 젊을 때는 뼈가 부러지면 더 단단하게 붙지만 나이가 들면 부러진 뼈가 나은 뒤에 또 다시 부러질 확률이 높아지고 합병증까지 생겨날 수 있다. 나이가 많은 사람도 물론 목표를 갖고 죽을 힘을 다하다 보면 러너스 하이를 경험할 수는 있겠지만, 젊었을 때와 달리 말 그대로 목숨을 걸어야 하므로 함부로 할 수 없게 된다.

노년의 시기는 젊었을 때와 달리 자신이 과거에 얼마나 노력해 왔느냐를 추억하고 후손이나 후배들에게 그 방법과 노하우를 알려 주는 시기다. 그래서 젊었을 때 고도의 집중과 몰입 상태로 죽어도 여한이 없을 정도로 최선을 다해 노력했다면 죽음도 두렵지 않은, 신조차도 부러워하는 삶을 산 것이다. 우리 인간에게는 순간을 영원으로 만들 수 있는 힘이 있다. 오직 초집중의 순간만이 추억이 되고 영원히 기억된다. 남은 인생에서 최대한 초집중의 순간을 많이 누리고 만들어서 죽음 앞에서도 의연한 수 있는 삶을 살기를 바란다.

'무엇'보다
'어떻게'가 중요하다

인생에서 중요한 것은 '무엇'을 하느냐가 아니라 '어떻게' 하느냐이다. 세상의 본질을 깨우치지 못한 사람이 우연히 한 번 성공한 것은 오히려 독이 될 수도 있다. 그가 거둔 성공은 성공이 아닌 우연이다. 자신이 단지 운이 좋아 성공한 것을 인식하지 못하면 겁이 없어진다. 겁 없이 살다가 예상치 못한 큰 낭패를 당할 수도 있다.

심리학자 랭거(Langer, Elen)는 '성공 함정(success trap)'이라는 개념을 제시했다. 성공 함정이란 옛 영광과 성공에 사로잡혀 몰락하는 현상을 말한다. 기업은 성장을 거듭할수록 유연하게 변화해야 하는데 시장의 변화가 생길 때 과거의 경험과 전략에만 집착하면 망하게 된다. 랭거는 성공 함정을 벗어나려면 언제나 위기의식을 갖고 지속적인 혁신을 추구해야 한다고 말했다. 성공 함정은 우리 인생에서도 적용해야 하는 개념이다.

사람들은 위기 때마다 '생각을 바꿔야 한다'라는 말을 많이 한다. 이때 바꿔야 하는 것은 '무엇'이 아닌 '어떻게'다. 음식점을 하다가 안 되면 카페로 바꾸는 것이 중요한 것이 아니라 안 되는 부분을 정확히 파악하고 어떻게 하면 잘될지를 제대로 분석하고 실행하는 것이 중요하다.

보통 사람은 '어떻게'는 생각하지 않고 '무엇'을 할까에만 집착한다. 학생들은 무슨 대학에 갈까만을 고민하고, 대학생은 무슨 직장이 좋을까 고민하고, 직장인은 어떤 부서가 좋을지 고민하고, 사업가는 어떤 업종과 상품이 좋을지를 고민한다. 이렇게 '무엇'에만 정신이 함몰된 이유는 무엇을 선택하느냐로 성공이 결정될 것이라 믿기 때문이다. 무엇을 하는 것이 좋을지는 각자가 알아서 선택할 문제다. 사람마다 성장 배경과 가치관이 다르고 적성도, 욕망도 다르다. 무엇을 할지만을 계속 고민하는 것은 큰 발전에 방해가 되기도 한다.

인생은 각자가 처해진 상황과 조건 속에서 누가 '어떻게'를 잘 반응하고 처신했느냐 하는 것으로 달라진다. 이것을 모르면 끝까지 남들은 '무엇'을 해서 성공했는데 난 그 '무엇'을 못했기에 성공하지 못했다는 잘못된 생각에 빠질 수밖에 없다. 그리고 '무엇'은 상황에 따라 마구 달라질 수 있지만 '어떻게'는 쉽게 달라지지 않는다. 사람

213

은 자신이 현재까지 살아온 방법과 방식을 쉽게 바꾸지 못한다. 사람을 파악할 때 그가 무엇을 하느냐보다 훨씬 중요한 것이 바로 '어떻게' 하고 살고 있는지이다.

부모가 자녀들에게 "넌 뭐가 되고 싶어?"라고 자주 묻겠지만 이 것보다 훨씬 중요한게 '어떻게' 공부하고 생활하는지를 파악하고 도움을 주는 것이다. 회사에서 직원을 채용할 때도 마찬가지이다. '무엇을 해봤는가' 보다 '어떻게 해왔는가'를 살펴봐야 한다.

"당신은 지금 무슨 생각을 하십니까?"

미국의 여러 회사의 직원들 36만 명을 연봉 기준 10개 등급으로 나누어 이 질문에 대한 답을 조사하였고, 2년이라는 시간 동안 진행된 설문을 통해 각 등급별 사람들이 하고 있는 주된 생각을 드디어 밝혀내게 되었다. 여러분들은 이 10개의 그룹에서 어떤 그룹에 관심이 있는가? 그리고 어떤 그룹에 속하고 싶은가? 당연히 최상위 그룹에 관심이 있고 그렇게 살고 싶을 것이다. 최상위 그룹의 답변은 이러하다.

"나는 어떻게 하면 내 연봉을 두세 배로 올릴까 생각합니다."

"나는 어떻게 하면 내 브랜드를 더 확장할 수 있을까 생각합니다."

"나는 어떻게 하면 가족들과 더 행복한 시간을 보낼까 생각합니다."

"나는 어떻게 하면 내 건강을 증진시킬 수 있을까 생각합니다."

성공한 사람들은 머릿속에 있는 주된 생각은 발전, 향상, 진보, 개선 등에 관한 것이었다. 그렇기에 이들은 자신이 원하는 주된 생각들을 해결하기 위해 필요한 지식을 습득하고, 생각과 관련된 행동과 실천에만 초집중하다 보니 결국 원하는 것을 이루는 사람이 된다.

크게 성공한 사람들이 공통적으로 계속하는 이 주된 생각들에서 공통적으로 나오는 단어는 무엇인가? 바로 '어떻게 하면'이다. 계속해서 어떻게 하면 자신이 원하는 것을 얻을 수 있을까에 대해서 생각하고 고민했기에 자신의 힘이 오직 그것을 얻어내는 과정에만 온전히 집중되었고 원하는 것을 이루어 낸 것이다. 정말 간단하지 않은가?

성공하고 싶은가?
그렇다면 계속해서 '어떻게 하면'을 생각해야 한다.

나 역시도 20대부터 지금까지 문제 상황에 봉착할 때마다 '어떻게 하면 집안의 빚을 갚을 수 있을까?' '어떻게 하면 나(박세니, 힘과 용기와 지혜가 쎄서 나라를 강하게 하란 뜻)답게 살 수 있을까?' '어떻게 하면 더 정신을 강화시킬 수 있을까?' '어떻게 하면 학원장을 설득할 수 있을까?' 등을 계속해서 생각하고 살아온 사람이라고 할 수 있다. 이렇게 사는 것이 누군가는 스트레스 받을 것이라 생각할지 모르겠지만 단언컨대 이렇게 계속 원하는 것에 집중해서 살아가는 것만이 스트레스를 줄이고 없앨 수 있는 유일한 방법이다.

수험생이 성적을 올리고자 한다면 이런 생각을 해야 한다.

'어떻게 하면 공부 시간을 더 확보할 수 있을까?'

'어떻게 하면 제대로 된 공부법을 찾을 수 있을까?'

'어떻게 하면 더 초집중해서 공부할 수 있을까?'

한편, 보수를 더 늘리고 싶은 세일즈맨이라면 이렇게 생각해야 한다.

'어떻게 하면 내 고객들을 고도의 집중과 몰입 상태로 만들지?'

'어떻게 하면 고객들에게 더 도움이 될까?'

사회에 큰 기여를 하면서 성공한 기업가로 살고 싶다면 이렇게 생각해야 한다.

'어떻게 하면 기업을 더 성장시킬 수 있을까?'

'어떻게 하면 더 사회에 도움이 되는 제품을 만들 수 있을까?'

'어떻게 하면 많은 사람들에게 회사를 알릴 수 있을까?'

계속해서 '어떻게 하면'을 생각하고 그 대답을 찾아가는 노력을 해야만 하는 것이다. 세상에 그냥 얻어지는 것은 없다. 남들보다 특별하게 성취하고 실력을 세상에 증명해 낸 사람들은 남들보다 이런 생각들을 더 많이 하면서 더 제대로 된 방법을 찾아내고 실천한 것이다. 이렇게 '어떻게 하면'을 생각하면 성공과 돈이 자연스럽게 따라온다.

한편, 이 실험을 통해서 최상위 사람들의 생각말고도 로우 라이

초집중의 힘

프를 살아가고 있는 사람들의 생각도 모두 밝혀졌다. 그렇다면 경제적으로 힘든 삶을 살고 있는 사람들이 하고 있는 주된 생각은 어떤 것이었을까? 하위 등급으로 내려갈수록 그들은 이런 생각을 하고 있었다.

"나는 과거에 로또를 맞췄다면 뭘 샀을까 생각 중이에요."

"10년만 젊었으면 뭘 할 수 있었을까 생각 중이에요."

그들은 공통적으로 가정법 과거의 망상만 하고 있다. 양쪽의 생각이 우리에게도 모두 존재하지만, 지금보다 더 의미 있는 삶을 살아가고 싶다면 '어떻게 하면'으로 생각을 최대한 바꿔가야 한다. 그 과정에서 자부심과 긍지도 나오는 것이다. '어떻게 하면 내 분야에서 더 최고가 될까?', '어떻게 하면 차별화된 서비스를 더 할 수 있을까?' 이런 생각이 무의식 속에서 끊임없이 계속되어야 한다. 그러다 보면 결과는 저절로 따라오게 된다.

여러분이 알았으면 하는 사람이 있다. 바로 존 고다드(John Goddard, 1924~2013)라는 사람이다.

존 고다드는 탐험가이자 인류학자, 다큐멘터리 제작자였다. 카약 하나에 의지하여 세계에서 가장 긴 나일 강 탐험을 역사상 처음으로 해낸 인물이기도 하다. 존 고다드가 유명하게 된 진짜 이유는 어렸을 적부터 적어 오던 '꿈의 목록' 때문이었다.

그는 10대 때 우연히 할머니와 고모가 나누는 이야기를 들었는데 계속 반복되는 내용이 '내가 10년만 젊었다면 무엇을 했을 텐데…', '다시 젊어진다면 어떤 것은 꼭 해봤을 텐데…' 등 가정법 과거의 문장들을 사용한 신세한탄 같은 것으로 이루어져 있다는 것을 알게 되었다.

'아 나도 제대로 목표를 세우고 그것을 명심하고 실천하지 않으면 나중에 이 분들처럼 후회와 아쉬움만 남기고 죽게 될지도 모르겠구나.'

경각심이 생긴 그는 그 즉시 식탁에 앉아 127개의 꿈의 목록을 써 내려갔고, 중년의 나이가 되었을 때 111개의 꿈을 모두 성취해 냈다. 그 후로도 500여 개의 꿈을 더 쓰고 계속 달성해 나가면서 열정적이고 행복한 인생을 살았고, 수많은 사람들에게 강연도 하면서 깊은 영감을 주는 인생을 살았다.

일단 자신이 무엇을 원하고, 하고 싶은지 목록을 만들어서 그것을 이루기 위한 방법에만 집중하면 정말 많은 일들을 이뤄낼 수 있다. 행복하고 의미 있는 경험들을 많이 한 사람은 정말 멋진 인생을 산 것이다. 자신이 원하는 것을 적어 두고 계속 보고 이루려고 생각할수록 그것을 이룰 수밖에 없는 방법을 두뇌가 찾아내고 실행한다.

우리가 집중의 대상을 정하고 마음 속으로 그 대상을 선명히 그리면 뇌에서는 생리학적 반응이 일어나게 된다. 이것이 시각화의 강력한 효과와 꿈이 실현되는 이유를 설명할 수 있는 생리학적인 반응인 것이다. 이 반응을 '선택적 주의'라고 한다.

우리의 뇌는 시각과 청각뿐 아니라 미각, 후각, 촉각 등의 감각기관을 통해 일초에 수백만 개의 정보를 받아들인다. 그래서 지금 당장 필요한 정보에 집중하기 위해서 그중 일부를 버리거나 뒷전으로 밀어두게 된다. 뇌에 입력된 정보는 기억으로 기록되고 이후의 행동과 반응에 영향을 미치게 된다. 선택적 주의란 뇌가 불필요하다고 판단한 정보는 걸러내고 소수의 감각 정보에만 집중하는 인지 처리과정을 말한다.

뇌에서 선택적 필터링을 주관하는 곳은 변연계의 일부인 시상이라 불리우는 부위다. 이 시상에서 우리에게 중요하지 않은 정보라고 판단하면 관련된 정보들을 지워버리는데, 이 선택적 주의는 매순간 일어나고 있다. 특히 눈을 감고 특정한 정보를 기억해내려고 애쓰거나 무언가에 집중하려고 귀를 막을 때 의식적으로 선택적 주의를 활용하려고 노력하는 것이다.

여러분이 꿈을 실현하고 싶다면 뇌가 상당량의 정보를 차단하고 선택적으로 특정 정보에 집중한다는 사실을 반드시 이해하고 인정해야 한다. 뇌의 선택적 주의를 이해하면 무엇에 집중하고 무엇에 집중하지 않을지 의식적으로 구분할 수 있게 된다. 뇌가 정보를 선택해 행동에 영향을 미친다는 사실을 일단 받아들이면, 목표 달성을 좌우하는 중요한 뇌의 작동이 무의식적으로 일어나고 있었음을 깨닫게 되는 것이다.

그래서 자신의 두뇌가 어떤 정보에 선택적 주의를 하고 있는지를 정확하게 파악할 수 있어야 한다. 자신이 의식적으로 원하는 것과 선택적 주의의 대상이 일치하면 그것을 이룰 수 있겠지만, 반대로 선택적 주의가 자신의 꿈이나 목표를 이루는 것에 방해를 주는 정보에 치우쳐 있다면 결코 그 목표를 이룰 수 없다.

예를 들어, 산악 자전거를 탈 때 위험한 구덩이나 바위 같은 것에 정신이 집중된다면 공포심이 커지고 또 결국 구덩이나 바위에 걸려 넘어질 확률이 높아지는 것이다. 우리는 생존을 위해서 피해야 하는 장애물 따위보다는 간절히 바라는 소망에 집중해야 그 소망을 이룰 가능성이 커진다. 자신이 바라는 성공 또는 삶의 모습을 목록으로 만들고 매일 일정 시간을 투자해서 그것을 들여다보면 나의 뇌도 그렇게 원하는 삶의 모습을 이루는 데 필요한 부분에 더욱 관심을 갖게 되면서 정보를 놓치지 않게 된다.

이렇듯 자신의 욕구에 주의를 집중하는 것은 꿈을 실현하기 위해 반드시 거쳐야 하는 단계라고 생각해야 한다. 존 고다드도 이렇게 자신이 원하는 것에 항상 집중하고 살아감으로써 두뇌가 그것을 이루는 쪽으로 선택적 주의를 할 수 있었기에 멋진 삶을 살아갔다.

항상 '어떻게 하면'을 떠올려라. 자신의 두뇌가 진정 원하는 것에 관심을 집중하고 그것을 이루는 데 필요한 자원들을 놓치지 않고 활용할 수 있도록 만들어야 할 것이다.

목표를
크게 가져라

'노력을 더 한다'와 '노력을 적게 한다'. 이 둘 중 어떤 것이 성공에 도움이 되는가? 어떤 게 정답일까? 보통은 '노력을 더 한다'를 선택할 것이다. 하지만 현실은 반드시 그런 것은 아니다. 이 점을 인식하고 효과적인 노력을 한 사람들은 더욱 큰 성공을 한다. 이것은 경제학에서 중요하게 여기는 가치이기도 하다. '최소한의 노력으로 최대한의 효과를 내는 것', '인풋은 적게 하고 아웃풋은 크게 하라'. 모든 기업체가 강조하고 있는 내용일 것이다.

그런데 여기에 큰 문제가 존재한다. 절대적으로 알아야 할 진리와 가치를 깨닫고 전체를 볼 수 있는 시야를 가진 사람들이나 기업체에게는 이 말은 꼭 지켜야 하는 금과옥조(金科玉條)가 될 수 있지만, 아직 그 단계에 이르지 못한 사람들이 최소 투입, 최대 효과를 얻으려는 생각만 갖고 있다면 본질이 호도되기 때문이다.

특히 나이가 젊은 청소년 시기에는 올바른 마인드와 정신을 굳건히 심어야 할 때다. 무협지를 봐도 젊을 때는 진득하게 내공을 쌓는 것을 중요하게 강조하는 것을 볼 수 있다. 그런데 사회는 점점 더 빠르고 경쟁적으로 효과를 거두는 것에만 정신이 쏠려 있다.

한 사람이 할 수 있는 노력의 크기는 개개인의 꿈에 비례해서 만들어진다. 어떤 사람이 남들보다 노력을 더 하고 덜 하는지는 그의 인생의 목표의 크기에 따라 달라지는 것이다. '노력하면 된다'라고 말하기 전에 필요한 것은 더 나은 인생을 원하는 마음가짐이다. 사람은 인생의 목표를 고정하는 순간. 그것을 위해서 발휘해야 하는 최소한의 노력만 하게 되기 때문이다. 아무리 타고난 능력이 출중해도 '대충 살아도 된다'라고 생각하는 순간, 절대 치열한 노력은 할수 없다.

공부를 해도 인생이 별 볼 일 없다고 생각하는 학생은 절대로 공부를 열심히 할 리가 없다. 실패하는 사람은 자신이 받는 보수만큼만 일하겠다는 생각을 갖고 사는 사람들이다. 성공한 사람들은 완전히 반대로 한다. 성공한 사람들은 어릴 적부터 '자신의 보수보다 더 많은 일을 하는 습관'을 갖추고 그 습관이 모든 생활 속에서 더 강화되고 내면화되도록 애를 쓰고 노력한 자들이다. '적당히 살겠다'라는 생각과 타협하고 그런 생각에 잠식당한다면 진정한 행복을 느끼는 삶에서 계속해서 멀어질 것이다.

가령 '먹고살기 위해 공부하고 일하겠다'는 마음으로 사는 학생과 직장인이 있다면 열심히 노력하는 것은 처음부터 불가능해진 것이다. 인생의 목표가 고작 먹고사는 것일 때 인간은 한없이 작고 초라한 존재로 전락한다.

학교나 직장생활에서는 노력이 부족해도 어느 정도를 버틸 수 있겠지만 사업은 다르다. 적당히 버는 것이 목표인 사람이 사업을 하면 성공할 수 없다. '우리 식구 먹고사는 정도'로는 남들을 초집중시킬 수 있는 진정한 힘이 나올 수 없다. 가정에서도 마찬가지다. 가족관계에서도 가족 구성원들끼리의 목표치가 너무 낮아서 어긋나는 점들이 많다. 남편은 돈만 벌어오면 된다는 목표치를 세웠다면 그 핑계로 가정을 소홀히 하게 될 것이다. 다른 가정보다 더 나은 행복한 가정을 만들겠다는 가족구성원들 공동의 꿈과 목표가 있어야 서로 간에 존중과 배려가 나온다. 자신의 목표를 크게 잡는 자가 더 노력하고 결국 성공한다. 목표의 크기만큼 인생이 달라진다는 사실을 확실히 믿고 꿈을 더욱 크고 높게 가져야 한다.

자, 어떤 목표를 가질 것인가? 목표는 사실 끝이 없다. 죽을 때까지 계속 더 노력하는 것만이 있을 뿐이다. 어떻게 하면 더욱 더 위대한 초집중으로 내 일에 임하고 남들도 그렇게 초집중 상태로 이끌어낼 것인가를 계속 생각하고 실천해 나가는 것이다. 이렇게 계속되는 노력을 하다 보면 어느 시점부터는 내가 쏟는 노력보다 더 큰 결실들이 생겨나게 된다. '씨를 뿌린 만큼 거둔다'라는 말이 있지만 고추나무의 경우 하나에 수십 개의 고추가 열린다. 씨를 뿌린 것의 수십 배도 얻어낼 수 있다. 이것이 자연의 법칙이다. 노력을 하면 처음에는 조금밖에 달라지지 않은 것 같지만 시간이 지날수록 그 성과는 기하급수적으로 커진다. 산사태나 혹은 눈사태처럼 말이다. 처음엔 미약하게 시작하지만 나중엔 걷잡을 수 없이 커지는 위력을 갖게 된다.

사람들은 노력해서 당장 변화가 없는 것 같으면 쉽게 단념한다. 물론 하루 노력했다고 다음 날 크게 달라짐을 느낄 수는 없다. 한 달 후도 크게 느끼지 못할 수도 있다. 하지만 일 년 동안 꾸준하게 제대로 노력하면 달라지는 것을 스스로도 느끼고 타인도 느낄 수 있게 된다. 그렇게 십 년이 지나면 상상할 수도 없을 정도로 달라진다. 길게 인생을 돌아보면 노력은 정직한 것이다. 물론 시험이나 공부의 경우는 비교적 짧은 기간의 노력에도 가시적인 성과가 나타나니 두 말 할 것도 없다. 문제는 젊은 나이에는 이런 부분을 보통 크게 느끼지 못한다는 점이다.

세상은 늘, 언제나 느끼는 자의 것이다.

성공한 인생을 먼저 이뤄낸 사람들이 꾸준히 노력한 부분들을 놓치지 않는다면 자신도 분명 성공할 것이라는 믿음을 가져야 한다.

노력을 덜 하겠다는 어리석은 틀로 세상을 살면 처음에는 남과 비슷하겠지만 시간 속에서 반드시 뒤처지게 된다. 더욱 노력하겠다는 틀로 살면 당장은 힘이 더 들겠지만 어느 시점이 지나면 가속도가 붙어서 처음보다 적은 노력을 해도 더 큰 성과를 낼 수 있는 경지에 이를 것이다. 모든 것은 무의식 차원에서 자연의 법칙에 따라 이루어지게 되어 있다.

인생에 관한
정의를 제대로 내려라

　지금까지 수만 명의 사람을 강연에서 만나서 교육하고 상담해왔다. 개인 심리 상담과 마인드 코칭을 할 때마다 나는 사람들에게 "인생이 무엇인지"를 묻는다. 이것이 인간의 삶의 본질이 되고 가장 중요한 뼈대가 되기 때문이다. 인생이 무엇인지를 바로 정의내리지 못하는 정신 상태와 멘탈로 어떻게 남 다르고 위대한 인생을 살 수 있단 말인가.

　사실 우리가 사는 이 세상은 지식의 힘만 제대로 믿는다면 남부럽지 않게 부와 명예를 얻으며 행복하게 살아갈 수 있다. 실제로 우리나라는 대학진학률이 전세계 1위이다. 겉으로는 교육을 엄청 중요하게 여기지만 속을 자세히 들여다보면 고학력자는 많은데 진짜로 지식을 믿고 지식을 활용할 수 있는 사람들은 정말 소수에 불과하다(그 이유는 앞 장 메타인지 부분을 참고하라). 지식을 제대로 믿고 활용해서 자신이 원하는 삶을 살기 위해서 우리 인간이 반드시 먼저 갖춰야 할 지식이 바로 '인생은 무엇인가?'에 관해 제대로 된 지식을 갖추는 것이다.

성공한 사람들은 저마다 '인생의 정의'에 대한 확실한 신념을 가지고 산다. 인생이 무엇인지에 대한 인식도 없이 남에게 큰 영향을 주는 삶을 살 수는 없다. 보통은 주변 사람들이나 책과 각종 매체를 통해 그 답을 찾고자 고군분투하거나 종교에 의지하기도 하지만, 그 안에서도 답을 찾지 못하는 사람은 많다. 물론 복잡하고 다양한 우리의 삶을 한마디로 정의하는 것은 불가능하다. 하지만 성공을 원할수록 남들보다 일찍 자신만의 인생에 대한 목표와 정의를 갖고 있어야만 한다.

나는 인생이 무엇인지에 대한 답을 20대 중반에 찾았고 그래서 그 이후부터는 진짜 힘을 사용할 수 있게 되었다. 인생이 무엇인지 알게 된 것이 정말 기뻤고 그 기쁨을 남에게 전해주고 싶은 마음이 커져 인생의 의미를 깨닫게 하는 교육자가 된 것이다. '인생이 무엇이다'라고 말하기 전에, 내가 정의하는 인생의 개념은 이 세상에 어떤 사람의 삶에서도 그대로 적용될 수 있다는 점을 먼저 말하고 싶다.

'당신은 왜 태어났는가?'

이렇게 물으면 보통 자신이 왜 태어났는지에 관해 일종의 사명이나 소명 의식을 이야기하려고 하는 사람들이 많다. 내 질문은 말 그대로 왜 태어났냐는 것이다. 사명이나 소명 의식은 태어난 이후에 갖추게 된 것이고 각자가 저마다 다르기에 제외하겠다. 당신과 나 그리고 길거리에서 보는 모든 인간은 부모님이 결혼해서 태어났다. 결혼제도가 없었을 때라면 남녀가 사랑을 나눠서 태어난 것이다. 그런데 결혼을 했든 사랑만 했든 공통적인 것이 있다. 그게 본질이다. 우리는 남녀가 고도의 집중과 몰입 상태가 되었기 때문에 태어났다.

인간이라면 예외는 있을 수 없다. 이렇게 인생이 시작된 그 순간이 '초집중 상태'였고 그 순간의 결정체이자 증인으로 우리의 인생이 시작되었다. 인간이란 존재는 다른 동물들처럼 태어나면서 걷고 뛰는 존재가 아니다. 태어났을 때는 누구의 도움 없이는 아무 것도 못하는 무력한 존재로 인생을 시작한다. 그때 우리의 부모님, 특히 어머니들이 무기력한 우리들을 항상 '초집중 상태'로 지켜봐 준 것이다. 그렇게 초집중 상태로 우리를 돌보지 않았다면 인간은 인생을 시작할 수도 없고 시작하자마자 죽을 수도 있는 약한 존재였다.

우리가 인생이라고 느낄 수 있는 순간은 살아 있는 한평생 중 극히 일부의 시간뿐이다. 우리는 인생에서 오래도록 기억이 나는 순간을 추억이라고 칭한다. 즉, 추억이란 것은 결국 평소와 다르게 특정 장면에서 강렬한 감정이 동반되는 '초집중' 상태를 경험한 기억을 말한다. 그래서 그런 상황에서 벌어진 일들이 다른 일들과 달리 단기 기억에서 그치지 않고 강렬하게 장기 기억화된 것이다. '인생은 추억이다'라고 해도 우리가 어느 정도 동의할 수 있는 이유가 바로 추억 자체도 내가 말하는 본질인 초집중, 즉 고도의 집중과 몰입 상태가 없으면 존재할 수 없기 때문이다.

'인생은 고도의 집중과 몰입 상태를
내 분야에서 더 멋있게 잘 만들어내는 과정이다.'

다시 강조하지만 전 인류의 인생에서 '초집중'이라는 본질적 개념을 빼면 인생 자체가 존재하지 않는다. 내가 깨달은 인생에 대한 이 개념에 대해서 내가 갖고 있는 확신은 세상 누구도 따라오지 못할 정도로 강력하다.

이 프레임을 명심하고 살면 더욱 행복하고 성공하는 인생이 만들어질 것이다. 가장 본질적인 인생의 정의 안에 우리가 추구해야 하는 인생의 자세와 목표도 내포되어 있기 때문이다. 인생의 정의 안에 인생의 목표가 존재하고 있다. 앞으로 당신의 목표가 무엇인지 절대로 잊을 수 없는 정신 상태를 구축하기를 바란다.

인생은 20, 30대 안에
결정 난다

'인생은 언제 결정 날까?'

이 질문은 참 심오한 질문이다. 사람들은 살면서 봉착하게 되는 여러 상황마다 인생관을 재조정한다. 그러나 이런 식으로 상황에 따라 인생관이 매번 바뀌는 사람은 행복하고 풍요로운 인생을 살 수 없다. 인생에 대한 일관되고 변치 않는 개념이 정립된 사람들만이 흔들림 없이 충만하고 행복한 삶을 만들어 갈 수 있다.

지구에 있는 수많은 사람들 중에 자신이 최고의 인생을 살았다고 자신있게 이야기할 수 있는 사람이 얼마나 될까? 내가 말하는 최고의 인생은 정말 가슴 벅차고 정신적으로나 물리적으로나 만족스럽고 자유로우며, 세상 누구도 부럽지 않은 인생을 말하는 것이다.

누군가는 그런 인생은 환상에 불과하다고 이야기할 수 있겠지만 나는 20대 중후반부터 정말로 최고의 인생을 살아가고 있다고 생각한다. 그리고 내가 죽는 날까지 그렇게 최고의 인생을 계속해서 살아갈 것을 확실하게 믿는다. 인생과 인간이 무엇인지를 가장 본질적으로 이해하고 깨닫게 되었기에 내가 어떤 환경 속에서 다시 태어나도 지금 생각하는 본질적 법칙을 그대로 적용해서 살 것이란 것을 아는 것이다.

위 질문을 다시 해보겠다. 최고의 인생은 어느 시기에 결정이 날까? 나의 생각은 20대에 결정 난다는 것이다(20대가 지난 분들은 흥분하지 말고 끝까지 잘 읽어나가길 바란다).

2019년 유튜브에 박세니마인드코칭 채널을 개설한 뒤에 정말 많은 분들이 나를 찾아 왔고 상담과 강의를 요청했다. 각계각층에서 정말 많은 분들이 쎈멘탈 그룹 수업에 참여하거나 개인 코칭도 받았다. 연령대는 10대부터 70대까지 정말 다양한데, 나를 찾아오시는 분들의 특징은 직업이나 나이를 불문하고 지식의 중요성을 인식하고, 보다 의미있고 멋진 삶을 살고자 하는 동기가 있는 분들이 많다.

이제는 다양한 연령대 분들께 강의를 하다 보니 나이 언급을 잘 안 하게 되었다. 이미 나도 40대 중반의 나이가 되기도 했고 나이보다 사람의 정신과 생각의 수준이 훨씬 중요하기 때문이다. 그러나 오직 젊은 20대들을 대상으로 한 강의를 할 때는 언제나 인생은 20대에 거의 다 결정이 날 것이니 그 시기에 정말 최선의 노력을 다하면서 살라고 독려한다. 왜 20대가 그렇게 중요한지 비유를 들어서 더 자세히 설명해보겠다.

지구가 있고 아주 먼 거리에서 운석이 빠르게 지구로 돌진하고 있다고 생각해보라. 지구에 충돌하면 인류는 멸종하고 만다. 그렇지만 어마어마한 거리 차가 있기 때문에 충돌 전까지 굉장히 오랜 시간이 걸리게 될 것이다. 이렇게 먼 거리에 있을 때 운석의 이동 궤도가 단 1도만 달라지게 되면 어떻게 될까? 지구에 절대 충돌하지 않을 것이다. 이것은 젊은 날에 깨달음을 얻고 진정한 지식을 확립하면 긴 세월 속에서 그것을 활용하는 범위와 효과가 계속 커진다는 것을 간접적으로 설명한 것이다. 하지만 운석이 지구 코앞까지 와 있는 상태라면(이건 노년의 나이가 되었다는 것이다) 충돌 직전에 1도의 각도를 틀게 된다고 상황이 바뀔까? 아니다. 이때 상황을 바꾸려면 운석의 각도가 90도 이상 급격하게 확 변해야 하지만 이것은 거의 불가능에 가까운 것이 된다. 내가 20대에 삶의 본질을 깨닫고 인간의 정신에 관한 지식을 빠르게 얻어서 사용해왔기에 첫해부터도 큰 성공을 이루었고 나이가 들수록 더 큰 성취와 더 큰 풍요로움을 자연히 얻게 된 것이다.

연세가 많은 분들은 아무리 내가 가진 모든 지식을 완전히 전수한다고 해도 그 지식으로 자신의 삶의 조건을 완전히 바꿀 수 있는 정도가 크지 않다. 같은 지식이지만 활용할 수 있는 시간의 절대치가 다르기 때문에 그로부터 얻을 수 있는 성취나 행복감, 만족함, 희열감도 어느 정도 한계가 있는 것이다. 그래서 나는 항상 젊은이들을 보면 말한다. 인생은 20대에 거의 결정이 나는 것이라고 말이다. 이렇게 말하면 30대가 아쉬워할 수 있으니 정정하겠다. 인생은 20, 30대 안에 결정이 난다. 반드시 그 안에 진리를 깨우치고 활용해서 최선의 노력을 할 수 있어야만 인생에 후회나 회한이 없을 것이며 충만한 삶을 살았다고 할 수 있을 것이다.

어떤 사람들은 돈을 많이 벌게 되면 행복할 것이라 믿기도 한다. 이렇게 믿는 사람들은 돈을 충분히 벌어보지 못한 사람들일 것이다. 한 연구에 의하면, 대략적으로 연봉 2억 원 이상부터는 돈을 더 번다고 해서 행복의 크기가 비례해서 커지지 않는다고 한다. 이 점에 나도 동의한다. 한 달에 2억 원을 넘게 벌 때도 있지만 버는 돈의 액수에 비례해서 행복감이 커지진 않았다. 물론 잠시 동안 자부심과 뿌듯함은 분명히 느끼지만 오히려 스물한 살에 최면교육으로 천오백만 원을 벌었을 때, 혹은 스물여덟 살에 월 천만 원 이상을 벌 때가 더 행복감이 컸다고 생각한다.

인간과 인생의 가장 본질적 가치를 깨닫는 순간
돈 버는 것은 전혀 어렵지 않는 일이 된다.

돈을 벌려면 남들의 문제를 제대로 잘 해결해주는 생각과 지식을 갖추고 행동으로 실천하면 된다. 그렇게 하면 인간의 본질적 속성대로 성취를 이루고 건강한 관계를 맺고 사람들에게 감사를 받으며 충분한 돈도 벌 수 있다.

교육을 통해서 수강생들을 더욱 부자로 만들어주는 것은 나에게 쉬운 일이다. 내가 20대부터 억대 소득을 벌었기에 그 본질적 깨달음을 전수하면 그도 자신의 분야에 활용하여 더 많은 사람들에게 영향력을 끼치면서 살아갈 수 있고 돈 버는 것도 쉬워진다. 그러나 인생은 돈 버는 것이 전부가 아니다. 20대에 진리를 깨닫게 되면 마음이 안정되고 두려움이 사라지고 항상 당당한 자세로 살 수 있다. 자신에 대한 확신감이 생기는 것이다. 이런 부분은 돈으로 환산할 수 없는 돈보다 더 소중한 가치다. 나에게 배운 진정한 제자들은 내가 버는 돈의 액수 같은 것을 부러워하지 않을 것이다. 그보다 내가 얼마나 젊은 날부터 남들을 고도의 집중과 몰입 상태로 만들어내면서 남들에게 도움을 주고 감사를 받으면서 행복감과 희열을 느꼈을까를 부러워할 것이다.

나는 20대에 인생을 깨달았고 내가 가진 전문 지식으로 최선을 다해서 살아왔기에 최고의 가정을 꾸릴 모든 준비를 할 수 있었다. 그래서 항상 꿈꿔왔던 최고의 아내와 사랑스러운 아들을 얻을 수 있었던 것이다. 보통의 사람들이 말하는 인생은, 마음처럼 되지 않고 인내해야 하고 고통스러운 부분들이 많을 것이다. 내가 어릴 때부터 주변의 어른들은 인생은 힘든 것이라고 늘 말씀하셨다. 하지만 그런 어른들은 20대에 지식을 온전히 갖추지 못했고 깨닫지 못한 자들이었던 것뿐이다.

인간은 젊음에 끌리는 존재다. 인간은 한정된 시간을 살고 죽음에 이르기에 젊음을 보면 위로를 받고 희망을 느낀다. 무뚝뚝한 할머니와 할아버지일지라도 손주들을 볼 때에는 그렇게 밝은 표정을 지을 수 있는 것도, 그 젊은 손주를 보면서 죽음에 대한 생각을 뿌리칠 수 있기 때문이다. 사람이라면 그래서 죽음에 가까운 노인들보다 어린아이 혹은 젊은이들의 생기 넘치는 모습을 보는 것을 좋아하는 것이다. 가령 우리 앞에 어떤 분야에서 똑같은 능력을 갖추고 있는 20대와 60대가 있다면 여러분은 누구의 고객이 되어 줄 것인가? 당연히 20대의 고객이 될 확률이 높다. 그래서 초집중 상태를 만들어 낼 수 있는 최적의 시기가 바로 20, 30대 시절인 것이다.

같은 능력이나 지식 수준을 가진 상태에서 경쟁할 때 사람들은 이왕이면 젊은 사람에게 무의식적으로 끌릴 수밖에 없다. 따라서 이렇게 젊은 20, 30대에 인생의 전성기를 누려야만 한다. 지금처럼 빠르게 기술이 변화하는 지식 사회에서는 젊음의 힘이 더욱 더 귀하고 가치가 높다. 젊음이 얼마나 초집중을 만드는 데 유리하고 강력한지를 진정으로 깨달아야지만 여러분이 갖고 있는 젊음이 진정한 의미를 갖게 된다.

젊음은 최고의 무기다. 아프니까 청춘이 아니다. 최강이어서 청춘인 것이다.

코로나19 시대,
어떤 마음가짐을 가져야 할까?

　2020년 코로나19 사태는 그 누구도 예측하지 못했다. 코로나는 우리 삶의 많은 모습을 바꿔놓았다. 그러나 사실 코로나19는 전에 발생했던 사스나 메르스 사태와 마찬가지로 내 삶을 변화시킬 수는 없었다. 그 이유는 무엇일까?

　첫 번째 이유는 이미 고정 불변의 목표가 있으면 어떤 상황이 와도 흔들리지 않기 때문이다. 평생의 목표가 분명하기 때문에 코로나19든 어떤 상황이 펼쳐져도 그 평생의 목표에 집중한 상태로 살아가기 때문에 크게 영향을 받지 않는다. 쉬운 비유를 들어보겠다. 코로나19가 발생한 이후로 매일 3킬로미터를 뛰고 있다. 보통 20분 정도 뛰는데, 집에서 지정된 장소까지 쉬지 않고 돌아오는 것을 목표로 하고 멈추지 않고 달린다. 그러다 보면 가끔 나보다 빠른 속도로 짧은 구간만 달리다가 이내 천천히 걷고 있는 사람들을 본다.

이들과 나의 차이는 아주 간단한다. 나는 먼저 목표를 확실하게 정해놓고 뛰기 때문에 계속 뛰는 것이고, 이들은 어디까지 뛰겠다는 목표가 없는 상태로 뛴 것이라 잠시만 뛴 것일 뿐이다. 인생도 마찬가지다. 인생의 마지막 순간까지 지속할 수 있는 목표를 가진 사람은 잠시의 목표를 가진 사람과 달리 중간에 어떤 일이 있어도 그 일을 극복하고 이겨낼 이유를 찾는다. 그러나 생의 마지막까지 지속되는 목표가 부재된 사람들은 과정에서 일어나는 여러 가지 일들에 크게 영향을 받을 수밖에 없는 것이다.

두 번째 이유는 코로나19 바이러스가 사람들의 근원적 속성까지 바꿀 수 없다는 것을 확실히 알고 있기 때문이다. 코로나19가 모든 것을 바꿔버리는 것처럼 말하는 사람들이 참 많다. 전혀 다른 세상이 올 것이라는 등 과한 공포심을 조성하는 사람도 있다. 그런데 그런 사람들은 인간의 중요한 특성을 간과하고 있거나, 혹은 그렇게 불안감을 조성하여 돈을 벌기 위한 목적이 있는 사람들일지도 모른다.

모든 삶이 비대면으로 바뀔 것이라고 예측하는 사람들이 많지만 사람들은 아무리 통제해도 서로 만날 수밖에 없다. 그것이 인간의 속성인 것이다. 사람은 사람끼리 만나야지만 살아갈 수 있는 존재다. 서로 만나야지만 실제로 집중이 되고 몰입이 된다. 내가 항상 말

4장 ╳ 성공을 위한 초집중 마스터 단계

하는 것처럼 인간이라는 존재는 언제나 고도의 집중과 몰입 상태를 원하고 있기 때문이다.

에너지 보존 법칙을 들어보았을 것이다. 에너지 보존 법칙이란 외력이 작용하지 않는 어떤 고립된 물리계의 에너지는 그 형태가 달라질 수는 있으나 총량은 항상 보존된다는 법칙이다. 이처럼 사람이 사람을 만나서 집중하고 몰입하고 싶어 하는 그 정신에너지는 형태의 변화가 있을 순 있지만 집중하고 몰입하고 싶어 하는 정신에너지의 총량은 절대 변할 수 없는 것이다.

이런 부분을 확신할 수 있는 사람들이라면 코로나19 사태로 세상이 변하는 것처럼 보여도 본질에 대한 믿음을 갖고 변화하는 세상에 빠르고 효과적으로 대응해 나갈 수 있다. 분명한 것은 대부분의 사람들이 이런 본질에 대한 확신이 없이 움츠러들었기 때문에 이런 본질을 지키고 활용하는 사람들에게는 더 큰 성취가 따라갈 것이라는 점이다. 나뿐만 아니라 내가 지도한 많은 수강생이 실제로 코로나19 상황에도 불구하고 소득이 더 올라가고 큰 성취를 이룩하고 있는 것이 그 증거다.

세 번째 이유는 힘들다는 개념의 차이 때문이다. 보통 사람들은 일이 생기면 무턱대고 힘들다고 한다. 그러나 지식을 제대로 믿는 사람들은 어떤 문제 상황이 생기면 문제 상황에서 빠져나올 수 있는 지식을 습득하는 것에만 집중하면서 최선을 하기에 힘들다고 느낄 틈도 없다. 나는 정말 힘든 것이 무엇인지 진정으로 알고 있는 사람이다. 정말 힘든 상황이란 내가 손을 쓸 수 있는 것이 전혀 없을 때이다. 내가 무엇이든 할 수 있는 여지가 있을 때는 힘들지 않다. 내가 여태껏 살면서 경험했던 상황에서는 아무것도 할 수 없었던 상황이란 존재하지 않았다. 전쟁이나 혹은 빅터 프랭크가 경험한 것처럼 죽음의 수용소에 끌려가 있는 상황 정도가 극한의 힘든 상황인 것이다. 코로나19 사태가 힘든 것처럼 느껴질지 모르지만 아우슈비츠와 비할 바는 아니란 것에 동의할 것이라 생각한다.

네 번째 이유는 인간의 자연 치유 능력과 정신력을 강하게 믿고 있기 때문이다. 나는 코로나19 바이러스에 혹시 감염될지라도 건강하게 이겨낼 수 있는 사람이라 확신한다. 코로나19 사태 이후로는 오히려 더 각별하게 건강에 힘써왔다. 그래서 매일 최소 30분이라도 규칙적으로 운동을 하고 있다. 코로나19 덕분에 건강에 대한 경각심이 생겨서 규칙적인 운동을 하게 되면서 이전보다 더 건강해진 것이다. 우리 인간은 하루하루 죽음에 가까워지고 있다. 코로나19가 두려운 사람들 중에 계속 술·담배를 하고 운동조차 하지 않는 사람들이 있다면 자신의 상태를 직시해야 한다. 사실 그렇게 사는 것이 훨씬 사망 확률이 높으며, 결과적으로 수명이 단축되는 더 무서운 결과를 초래하는 것이다.

자신이 왜 사는지 아는 사람은 코로나19 상황에서도 묵묵히 자신이 해야 할 일을 할 뿐이다. 인간에게 있어서 유일한 문제는 오직 자신이 살아가는 이유와 자신이 무엇을 원하는지를 무의식에 완전하게 새기지 못한 상태로 살아가는 것뿐이다. 이런 점을 우리는 코로나19 사태에서 재확인하고 있는 중이다. 당신은 무엇을 원하는가? 무엇을 위해 살고 있는가? 삶의 목표가 명확하다면 어떤 상황에서도 흔들림 없이 집중해야 할 것에만 집중하면서 그렇게 나아가면 된다.

코로나19든 앞으로 어떤 새로운 변화가 나타나든, 혼란스러워하고 좌절할 필요가 없다. 지금 바로 평생의 진정한 목표를 세우고 그냥 어떠한 핑계도 없이 초집중해서 삶의 모든 순간에 최선의 노력을 하라. 초집중하는 순간만이 당신을 존재하게 할 것이다.

특별 부록

1:1 심리 상담

1:1 심리 상담 ✳

♥ case 1

"아무리 공부해도 성적이 안 올라서 의욕이 없어요."

⋯⟩ 노력과 성취의 올바른 관계 인식, 지속적인 동기 부여와 목표
설정, 메타인지적 학습 코칭을 통해 학습 능률 향상

항상 열심히 공부하고 성실하게 생활하는 A는 꾸준히 성적이 오르는 듯 하다가 어느 시점부터 성적의 변화가 거의 없자 좌절감이 들고 학습 의욕이 계속 떨어진다는 고민을 호소하였다. 수험생활 초반에는 기초적인 개념을 이해하고 비교적 쉬운 문제를 풀어나가다 보니, 공부하는 만큼 문제를 맞히는 재미도 있고 성적이 오르는 것이 눈에 띄게 나타나면서 집중이 잘 되었으나, 점차 응용·심화 학습을 하면서 고득점을 목표로 하다 보니 문제를 오래 붙잡고 있으면서 집중력이 저하된다는 사실을 알아차렸다. A에게 이러한 과정은 고득점을 위해서는 당연히 거쳐야 하는 자연스러운 현상이라는 점을 이해시키고, 당장 눈앞의 점수와 지엽적인 결과에만 집착하다 보니 정작 무엇을 위해 공부하고 있는지 잊어버리고 있다는 사실을

인식하도록 했다. 목표와 원하는 것에만 초집중하고 지속적인 동기부여가 될 수 있도록 초집중의 원리와 방법에 대해 코칭하였다. 또한 노력의 양에 따라서 즉각적으로 성취 결과가 반영되는 것은 아니라는 것을 인지시켰다. 즉, 한계에 도전하는 노력을 꾸준히 하다 보면 노력과 능력 수준이 일정 기준에 도달했을 때 비로소 가시적인 점수로 반영되어 나타난다는 것을 다양한 사례를 설명하며 이해시켰다. 그리고 비슷한 내용을 반복해서 학습하는 과정에서 점차 익숙한 느낌이 드는 지식을 '아는 지식'으로 착각하고 있음을 발견하고, 완전히 이해하고 설명할 수 있는 '진짜 지식'의 형태로 학습하도록 집중 코칭하였다.

상담을 통해서 A는 노력과 성취의 올바른 관계를 재인식하고, 메타인지적으로 정교하고 꼼꼼하게 학습하면서 눈앞의 점수에 연연하지 않고 꾸준히 공부할 힘이 생겼다고 보고하였다. 그리고 자신의 목표를 매일 떠올리며 꾸준히 공부하다 보면 점점 목표에 가까워진다는 사실도 알아차리게 되었다. A는 두 달 뒤 모의고사 성적이 눈에 띄게 향상되었고, 성적우수장학금도 받고 자신이 목표한 점수에 가까워지고 있다는 소식을 전했다.

♥ case 2

"주위의 기대로 자존감과 자신감이 낮아졌어요."

⋯⟩ 자신감과 학습 의욕을 되찾고 목표지향적으로 변화

작년에 외고를 졸업하고 재수를 시작한 B는 학습 의욕이 전혀 없고 공부도 제대로 하지 않고 게으른 자신이 한심하다며 상담을 요청하였다. 중학교 시절 공부를 잘하여 외고로 진학하였으나 성적이 계속 떨어지며 공부를 포기하다시피 3년을 보냈다. 후회스러운 마음과 부모님의 기대 때문에 재수를 결심하였지만, 공부를 하려니 수험생활이 너무 괴롭고 지친다고 했다. 상담을 통해 문제의 주요 원인을 탐색해보니, 공부를 잘하는 친구들 사이에서 자신감과 자존감이 많이 떨어졌음을 알게 되었다. 고등학교는 중학교보다 학습량이 월등히 많아서 적당히 공부해서는 절대 최고 성적을 받을 수 없는데 그 사실을 미처 인지하지 못하고 예전과 같은 성적이 나오지 않는 자신을 인정할 수 없어서 아예 노력을 등한시하게 되었다고 한다. 노력과 관련된 신념[1]에 대해 좀 더 깊이 탐색해보니, B는 자신이 어렸을 때부터 들어왔던 '똑똑하고 공부 잘하는 아이'라는 인식이 깨질까 봐 두려움을 갖고 있었다는 사실을 발견했고, 똑똑하다는 자신에 대한 신념을 깨는 것보다는 차라리 노력을 하지 않아서 스스로가 성적이 떨어지는 쪽을 택했다는 사실을 자각하도록 했다.

캐롤 드웩 교수[2]의 '지능에 관한 믿음' 연구 내용을 설명하며 타고난 능력보다 지속적인 노력이 성취를 위해서 훨씬 더 중요하고 필요한 조건임을 인지시키고 B의 왜곡된 신념을 바로잡아 주었다. 또한, 중학교 시절까지 열심히 공부하고 노력했던 자신을 재인식하고, 잘해왔던 자신을 모습을 떠올리며 자신감과 도전 의식을 고취했다. 열심히 공부하는 만큼 성적은 오른다는 인과관계를 명확하게 설명하면서 학습에 필요한 초집중법을 하나씩 실행하여 성공 경험을 만들도록 했다. 상담 회기가 진행될수록 B는 예전의 자신감을 되찾았고 새로운 목표를 세워서 주도적으로 공부에 집중할 수 있었다.

---

1 심리적 의미로, 어떤 사상이나 명제 등을 적절한 것 또는 진실한 것으로서 승인하고 수용하는 심적 태도를 말한다.
2 스탠퍼드 대학교 심리학 교수로 발달 심리학 분야의 권위자이다. 지능에 관한 믿음과 성취의 상관관계에 대해 연구하면서 노력을 동반한 성장 마인드의 중요성을 주장했다.

1:1 심리 상담

♥ case 3

"임용고시 시험에 자신도 없고 집중이 안 돼요."

⋯► 불안과 두려움의 근본 원인 해소, 최적의 동기를 활용하여 교사의 꿈 달성

20대 중반의 여성 C는 임용고시에 합격할 자신이 없어서 상담을 요청했다. 집중하다가도 갑작스럽게 머리가 멍해지고, 과연 합격할 수 있을까 하는 불안감이 밀려온다고 했다. C처럼 시험을 앞두고 자신감과 집중력이 부족해서 걱정이라며 상담을 요청하는 사람들이 꽤 많다. 이들의 공통점은 타인으로부터 혹은 스스로가 "집중력이 약하다"라는 암시[3]를 굉장히 많이 듣고 반복하며 자기최면하면서 부정적인 자의식을 강화한 경우가 많다. 집중력이 약하다는 말을 수없이 반복해 들으면서 무의식에서 '난 집중력이 매우 약해'라는 생각을 완전히 받아들였기에 집중이라는 말을 듣게 되면 거부감

---

3 사람에게서 전해진 말이나 상징에 의해서 관념, 의도 등을 무비판적으로 받아들이는 심리적 과정이다.

이 생기고 '이번에도 집중이 안 될 것'이라는 상상이 들면서 집중이 안 되는 상태를 스스로 만들어 버리는 것이다. 집중력은 인간이라면 누구나 기본적으로 가지고 있는 능력이자 본성이다. 최고 수준의 집중력을 발휘하는 것은 제대로 된 방법으로 꾸준히 노력해야만 도달할 수 있는 경지이지만, 어느 정도의 집중력을 유지하고 발휘하는 것은 누구나 가능한 것이다. 삶의 크고 작은 모든 일에서 집중력이 요구된다. 우리가 밥을 먹을 때도 수저로 밥을 퍼올리거나 그 수저를 입 안에 넣는 것 등 일련의 모든 행동이 집중력이 필요한 행동이다. 집중력이 없다면 수저를 입이 아니라 코에 넣을 수도 있다. 이렇게 인간의 작은 행동 하나하나가 모두 집중력이 수반된 상태에서 가능한 것임을 인지시키는 작업을 통해 집중력이라는 단어에 부정적인 느낌이 없도록 초집중 이완 요법을 활용하여 코칭 효과를 극대화하였다. 또한 집중력은 말 그대로 '집중하는 힘'을 의미한다는 것을 설명하고, 집중을 계속하다 보면 몸의 근육처럼 집중력도 향상될 수 있다는 인식하게 하였다.

가장 빠르게 집중력을 높이는 방법의 하나로써 자신의 호흡에 집중시키는 방법을 활용하였고, 뇌에 충분한 산소를 공급하고 있다

1:1 심리 상담

는 통제감을 느끼도록 코칭하였다.

학생들 대부분이 그렇지만 C도 평소에 긴장감이 높고 몸이 많이 경직되는 문제가 있었는데, 특히 호흡이 빠르고 흉식호흡을 함으로써 문제가 증폭된다는 것을 발견했다. 복식호흡을 통해 호흡을 편안하게 하고 긴장을 풀고 이완 상태를 만들 수 있도록 멘탈 트레이닝하고, 근원적인 불안과 두려움에 대해 다루면서 심리적 안정 상태를 유지할 수 있도록 도왔다. 매순간 수험생으로서 불안감 때문에 집중을 뺏기는 현상이 반복되고 있었기 때문에 C에게 초집중할 수 있도록 시간별 자기 암시 여섯 문장을 만들어주고 계속 최적의 집중력을 발휘할 수 있는 루틴을 사용할 수 있도록 훈련했다.

임용고시 합격 후에 단순히 교과과목을 가르치는 선생님으로만 살지 않고, 아이들에게 동기 부여를 제대로 해주고 미래를 꿈꿀 수 있는 인재로 이끌어 줄 수 있는 스승이 될 수 있도록, 교사라는 꿈에 대한 긍정적인 동기를 재인식하고 시각화를 통한 구체적인 목표를 세웠다. 단순한 직업 선택의 차원이 아니라, 사명을 가진 교육자가 되고자 하는 분명한 접근 동기를 함께 설정해서 공부의 의욕과 집중력을 고쳐시켰다. 회기 때마다 멘탈 리허설[4]을 통해서 시험장에서 자신이 최상의 컨디션으로 문제를 풀고 실력을 제대로 발휘하고 있는 모습들을 상상하도록 훈련하고, 매일 5분씩 혼자서도 이미지 트레이닝을 지속하도록 했다.

C는 5차례 상담을 통해 임용고시와 교사라는 직업을 바라보는 관점이 완전히 달라졌고, 삶에 대한 새로운 목표를 가지고 의욕이 넘치는 모습으로 공부에만 집중하여 임용고시도 바로 합격했다. 그리고 학생들을 열성적으로 지도하는 교사가 되어 상담에서 코칭받은 내용들을 바탕으로 책을 출판하고 대학원에도 진학해서 더 좋은 교육자가 되기 위한 연구활동에 매진하고 있다.

---

4 심리적 연습, 이미지 트레이닝이라고도 한다. 운동이나 행위의 연습에 있어서 직접 동작을 하지 않고 머리 속에서 관념적으로 떠올리고 연습하는 것을 말한다.

1:1 심리 상담

♥ case 4

"최근 슬럼프로 집중력이 떨어져 고민이에요."

⋯⋅› 불안과 두려움의 근본 원인 해소, 적합한 동기의 활용

D는 최근에 슬럼프가 찾아와서 집중도 안 되고 공부도 하기 싫고 의욕이 사라져서 고민이라고 상담을 요청했다. 슬럼프가 시작된 시점을 분석해보니 모의고사 점수 잘 나오지 않자 큰 좌절감을 느꼈고, 아무리 공부해도 성적을 올리고 목표한 점수를 받는 것은 불가능할 것 같다는 부정적인 생각과 불안감에 휩싸인 것을 알게 되었다. 그 이후로 D는 자신이 슬럼프에 빠졌다는 생각 때문에 더 힘들었고 슬럼프에서 빨리 벗어나야 한다는 것이 또 다른 스트레스 요인이 되었음을 알아차렸다. 많은 학생들이 공부하다가 슬럼프가 오는 것은 누구나 한 번씩 겪는 자연스러운 것이라는 인식을 갖고 있는 경우가 많은데, 이건 슬럼프가 어떻게 생기는 것인지에 대한 충분한 이해가 없기 때문에 생긴 오해다. 최고 수준의 점수를 획득하려면 슬럼프 자체를 인식할 수 없도록 하는 것이 가장 좋다. 슬럼

프는 기본 개념이 완전히 이해되지 않은 상태에서 더 상위 단계의 공부를 하려고 할 때 주로 생겨난다. D도 수학에서 슬럼프가 왔다고 했지만 수학을 공부함에 있어 우선적으로 알아야 하는 기본 공식이나 개념을 제대로 익히기 전에 그 다음 단계를 공부하려고 했기에 좌절하고 한계에 부딪히며 슬럼프에 빠지게 된 것이다. 이렇게 기본에 충실하지 못한 학습방식으로 인해 자신이 스스로 슬럼프를 만들어 낼 수 밖에 없었다는 점을 D가 자각할 수 있도록 설명하자 스스로가 부족한 부분들을 명확히 찾아내었고, 그 부분에 대한 공부를 더 확실히 하는 데 집중하여 슬럼프에서 빠르게 빠져나와 앞으로는 슬럼프 없이 공부하겠다는 자신감을 드러냈다. 슬럼프로 인한 우울감은 자신이 점수를 통제할 수 없다는 생각에서 비롯되는데 기본에 충실한 노력들을 하면서 통제감을 높일 수 있는 방법을 구체적으로 설명해 주었다.

또한 불안과 두려움이 성적 하락을 만드는 근본 원인임을 자각하고, 두려움을 최소화하기 위해서 인지적인 코칭을 통해 두려움의 개념 정립 및 두려움이 들 때 해야 할 행동 지침을 알려주었다. 두려움이란 현실처럼 보여지는 공상화된 경험이다. 즉 실제가 아니지만 실제처럼 생생하게 느껴지고 부정적인 장면을 무의식적으로 떠올리면서 실제의 감정과 생각을 장악해버린다. 그래서 실제로 부정적인 감정, 두려움에 장악되지 않으려면 집중할 것에 완전히 집중할수 있는 인지적, 행동적 노력을 병행해야 한다. 가령 당장 해야 할일에 완전히 집중하거나, 순간 자기 암시를 반복하거나, 다음 문제를 푸는 등의 행동을 하는 것이다. 두려움에 집중되지 않도록 대체 행동5으로 집중을 유지하도록 하는 것이다. D는 여러 가지 걱정이나 잡념들로 머릿속이 복잡했던 학생이지만 코칭을 통해 배운 초집중 방법을 적용해서 공부했고 잡념에서 벗어나 집중력 있게 공부할수 있게 되었다.

시험 날짜가 임박할수록 접근 동기보다는 회피 동기가 즉각적인 동기 유발에 도움이 되기도 하는데, 회피 동기를 자극하여 지금 공부하지 않으면 벌어지는 일이나 후회할 만한 결과를 떠올리고, 마치 시험 전날 벼락치기를 하듯이 강한 동기를 유발시켰다. 또한 D에게 대학에 대한 접근 동기를 더욱 강화하기 위해서 자신이 원하는 명

---

5 특정 행동(일반적으로 문제 행동, 도전 행동)과 동등한 기능을 지니는 사회적으로 수용 가능한 적절한 언어적 혹은 비언어적 행동이다.

문대학 합격 이후에 해야 할 즐거운 목표들을 정리해보도록 했다. 그래서 자신이 잠시라도 우울한 느낌이 들면 바로 대학 합격 이후에 할 일들을 떠올리면서 바로 평정심을 찾고 공부하도록 했다. 대입 합격에 대한 확신감을 갖고 유지해 나갈 수 있도록 코칭함과 동시에 시간별 자기 암시를 통해 최적의 루틴을 만들어 공부하기로 했다.

꾸준하고 성실한 공부 습관을 가진 D이지만 슬럼프에서 힘들어하고 있던 찰나에 시기적절하게 상담을 진행하여 슬럼프에서 빠르고 수월하게 빠져나올 수 있었다. 스스로 다시 공부 패턴을 잡고 꾸준히 공부하여 9월 평가원 모의고사에서 성적우수장학금을 받았으며, 수능에서 고득점을 받아서 원하는 명문대에 합격하는 쾌거를 이루었다.

1:1 심리 상담

♥ case 5

"시험공포증 때문에 공부를 해도 성적이 나오지 않아요."

⋯, 공부의 목적에 대한 인식, 시험공포증의 원인, 불안감 극복 방
법 제시

지방에 살고 있는 고2 여학생 E는 중학생 때까지는 성실하게 공
부하는 학생이었으나 고등학생이 되면서 과도한 심리적 압박감을
느끼면서 공부에 대한 자신감을 잃어버렸다. 코칭을 받으러 오기 이
전에 여러 군데의 심리상담센터를 찾아갔으나 공부에 대한 부담감
은 더 심해지고 자신감은 떨어졌다고 호소했다. 또한 코로나19 사
태로 생활리듬이 많이 깨진 상태이며 마음속으로 '어차피 좋은 대
학을 못 갈 것 같은데, 노력한다고 할 수 있을까?'와 같은 부정적인
생각을 반복하며 자기불신감이 심한 상태였다. 처음에는 다소 무기
력한 태도로 상담에 임했지만, 라포6를 형성하고 편안한 분위기로

6 상담 또는 교육을 전제로 신뢰와 친근감으로 이루어진 인간관계이다. 상담, 치료, 교육 등
은 특성상 상호 협조가 중요한데 라포는 이를 충족시켜주는 동인(動因)이 된다.

상담을 진행하면서 어떤 도움을 주게 될 것인지를 설명하자 E의 눈빛과 태도가 의욕적으로 변화하기 시작했다.

E의 심리를 분석해보니, 자신에 대한 무의식적 인식체계가 다소 빈약한 상태였다. '왜 공부하는지'에 관해서도 생각해본 적이 거의 없었다고 했다. 공부의 진정한 가치에 관한 인식을 심어주었고 공부하는 이유가 단지 대학에 가기 위함이 아님을 일깨워 주었다. 올바른 노력과 성취를 통해 얻게 되는 본질적 가치에 대해 다양한 사례와 비유를 들어 이해하기 쉽게 설명하였고, 상담 후에 코칭 받은 내용을 반복해서 읽고 실천해보기로 약속하였다.

차기 상담에서 두려움의 근원을 탐색해보니 성적이 제대로 안 나오고 부모님이 실망하실 것에 대한 불안감이 큰 것으로 확인되었다. 불안감을 극복하기 위해서 현재 더욱 집중해야 할 학습 계획과 루틴에 대한 초집중법을 코칭하였다. 2주 뒤 상담에서 코로나19로 공부에 집중하지 못하는 다른 학생들과 다르게 E는 스스로 잘 해낼 수 있다는 긍정적인 믿음을 보여주었다. 또한 기말고사에서 시험공포증이 많이 사라져서 편안하게 시험을 보았고, 앞으로 더 열심히 공부하겠다고 다짐하며 상담을 종결하였다.

♥ case 6

"수험생활을 하면서 성격이 지나치게 예민하게 변했어요."

⋯▸ 성격에 대한 새로운 인식, 환경과 목표의 변화에 따른 적응, 자
존감 향상

수험생활이 장기화 될수록 F는 주변 사람들의 행동과 말 한 마
디에 신경이 쓰이고, 타인들의 반응을 지나치게 의식하고 성격이 소
심해진 것 같다며 심한 스트레스를 호소하였다. 기본적인 F의 성격
에 대해 먼저 탐색하면서 자신을 인식할 수 있는 계기를 만들어 주
었다. 그리고 수험생활이라는 특수한 환경에 적응하면서 자연스러
운 변화가 일어날 수밖에 없다는 사실과 상황과 환경에 따라서 성
격은 다르게 발현될 수 있음을 인식시켰다. 인간의 성격이 형성되는
원리에 대해 설명하면서 성격이 타고난 기질인 부분도 분명 있지만
성장 과정과 환경 속에서 개인의 경험을 통해 자신의 성격을 어떻
게 인식하는가에 따라 성격적 특성이 강화되고 발현되는 경향이 매
우 크다는 사실을 설명하였다.

성격(personality)의 어원은 페르소나(persona), 가면이다. 상황에 따라 적합한 페르소나[7]를 활용하는 사람이 사회성이 좋다고 인식된다는 것을 자각하도록 했다. 수험생이 되었다면 수험생에게 걸맞는 페르소나를 활용하여 성격적으로 발현시키는 것이 중요하다. 혼자서도 독립적으로 시간을 잘 활용할 수 있고, 목표를 위해 추진할 수 있고, 과감하게 결단할 수 있는 성격으로 변화하는 것이 무의식적 계발을 통해 충분히 가능함을 설명하였다. 또한 자신이 가지고 있는 성격적 강점을 탐색하도록 돕고, 수험생활에 적합한 성격을 강화하고 활용할 수 있는 방법들을 구체적으로 코칭하였다. 인간은 누구나 무한한 능력과 다양한 성격적 자질을 내재하고 있으므로, 현 상황을 위해 어떤 특성을 발현시키고 활용할 것인가를 주도적으로 결정하고 목표지향적 생각과 행동을 이어나갈 수 있는 초집중법을 코칭하였다. 상담 이후, F는 자신의 성격에 대한 자신감과 확신감이 높아졌고, 더 이상 성격에 대한 스트레스 없이 목표에만 집중하고 실행하는 초집중 상태로 공부하고 있다고 보고하였다.

7   성격, 인격, 타인에게 파악되는 자아로 인간 개인을 가리키는 말로도 사용한다.

1:1 심리 상담

❤ case 7

"두통이 심해서 공부에 지장을 초래해요."

⋯› 불면증의 원인 해소, 이완 방법과 자기 확신 코칭

삼수를 하고 있는 G는 살이 찌고 스트레스 때문에 머리가 자주 아프다는 이야기를 했다. 시험을 보기 전에 소화가 안 되고 머리가 아파서 시험에 집중할 수 없고 실력 발휘가 어렵다고 호소했다. 잦은 두통이 가장 큰 문제라고 판단되어 피최면성[8]을 먼저 확인 해보니 피최면성이 높았기 때문에 두통은 초집중 이완 요법을 통해 즉각적으로 해결 가능하다고 먼저 안심시켰다. 심인성 질환이 형성되는 기본 메커니즘을 설명하면서 두통에 대한 주의 분산을 공부에 대한 집중으로 전환하는 초집중 방법을 코칭했다.

수학 과목에 대한 부담감도 호소했기 때문에 초집중 이완 요법을 진행하면서 두통 증상의 완화 및 수학 자신감을 높이는 방향으

---

8   최면에 들어갈 수 있는 정도.

로 최적의 암시를 주었다. G는 초집중 이완 요법을 받은 후에 매우 편안하고 기분이 좋았다고 보고했고, 경과도 매우 좋아서 10회기에 걸쳐 지속적으로 초집중 이완 요법과 상담을 병행하였다.

잠재의식에 관한 지식을 전혀 갖추지 못한 것을 확인한 뒤에 잠재의식의 특성을 교육하였고, 두통에 대한 예기불안[9]을 통해서 스스로 두통을 만들고 있다는 것을 이해시켰다. 또한 두통이 발생하면 이완 상태를 만들어 낸 후에 머리 사이즈가 점점 더 커지는 상상을 하도록 제안했다. 자신의 두뇌를 운동장, 서울시만큼 거대하게 만드는 상상을 하면서 두뇌의 고통이 점점 더 희석될 수밖에 없다는 원리를 인식시켰다. G는 재수를 한 번 했지만 수능에서 만족할 만큼의 성적을 받지 못해서 자신감이 많이 저하된 상태였고, 수능 한 과목에서 OMR 마킹 실수로 성적이 하락한 부분에 대해 자책도 심했다. 불안감과 자책감을 떨쳐내기 위해서 신체활동과 운동의 필요성을 이해시킨 뒤 재수학원에 가기 전에 가볍게 운동장에서 러닝과

9 자신에게 어떤 상황이 다가온다고 생각되는 경우에 생기는 불안. 그와 같은 특정의 상황에서는 이전에도 불안을 느꼈으나 실패하는 경우가 많으며 일종의 조건부 기전이 관계하고 있다고도 할 수 있다.

~~~~~~

맨손체조를 하도록 했다.

이 외에도 입시뿐만 아니라 사회에 진출해서도 성공한 사람들의 공통적인 특성들을 분석하여 설명해주고 다양한 스토리와 사례를 통해 이해를 돕고 충분히 받아들일 수 있도록 코칭을 진행하였다. G는 자신도 수능시험을 잘 보고 대학과 사회에 나가서 의미있고 멋지게 살 수 있다는 확신과 자신감을 갖게 되었으며, 두통을 비롯한 전반적인 심신의 건강 상태도 매우 호전되었음을 보고하였다.

~~~~~~

♥ case 8
"불면증 때문에 수면의 질이 저하되고 집중력이 떨어져요."
⋯, 불면증의 원인 해소, 이완 방법과 자기 확신 코칭

공부하다 보면 자신도 모르게 꾸벅꾸벅 졸거나 집중력이 흐트러지는 경우가 많아서 학습 능률이 떨어진다고 상담을 요청한 H는 평소에 피로감을 많이 느끼는 편인데 낮에는 졸리지만 밤에 자려고 누우면 쉽게 잠이 들지 못하는 심한 불면증을 호소했다. 불안하고 부정적인 생각들을 하다가 지쳐서 잠든 날은 악몽을 꾸기도 하고, 잠을 깊이 자지 못하고 자주 깨는 경우도 많았다. H는 늦게 잠들고 숙면을 취하지 못해 늘 피곤하고 낮에 졸리는 패턴이 반복되는 것이 큰 고민이었다.

불면증의 원인을 다각도로 분석해보니, 심리적 긴장도가 매우 높고 수면 환경의 문제, 생활 습관 등의 다양한 원인이 있음을 파악했다. 각 원인에 대한 해결방안을 함께 탐색하고, 숙면을 취할 수 있는 방법들을 집중적으로 코칭하였다. 특히 심리적 긴장과 불안은 수

면에 가장 큰 영향을 주는 요인인데, 우리 몸은 이완되지 않으면 뇌파가 낮아지지 못하고 휴식과 숙면을 취하는 데 방해를 받는다. 시험에 대한 극심한 부담과 스트레스로 인해 심리적 긴장 상태가 지속되고, 자연히 숙면을 하지 못하니 피로감이 회복될 수 없고, 다음 날 피곤이 풀리지 않으니 두뇌의 활성도와 집중력이 떨어지는 것이 당연했다.

수면 상황에서 이완을 도울 수 있는 자율훈련법과 이완을 돕는 호흡에 대해 집중 코칭하고 훈련하였다. 그 후 H는 점차 잠이 쉽게 들고 아침에도 개운한 느낌이 든다고 보고하였고 수면의 질이 좋아지고 있음을 확인하였다. 더불어 낮 시간에 습관적으로 졸았던 패턴을 깨고 시간별 자기 암시를 통해 순간 집중력을 높이고 학습 시간 동안 능률이 높은 공부를 할 수 있도록 코칭하였다. 낮에 극심하게 피곤을 느낄 때는 잠을 자기보다는 자율훈련법을 활용하여 잠시 두뇌의 휴식을 경험할 수 있도록 하였고 실제로 훨씬 맑은 정신으로 집중하여 공부할 수 있었다고 보고했다. 공부에 대한 근원적인 자신감을 갖추도록 함께 노력한 결과 H는 불면증이 완전히 사라지고 초집중 상태로 공부에 매진하게 되었다.

💜 case 9

"과거의 실패 경험에 대한 후회로 자존감이 떨어져요."

⋯▸ 현재형 생각으로 전환, 실행의 중요성, 경험의 유용함

　　과거 학창시절에 열심히 공부하지 않아서 수능시험 점수가 잘 나오지 않아 대학에서 떨어진 I는 친구관계도 소원해지고 여러 가지 일이 잘 풀리지 않았다. 그런 실패의 경험들이 지금도 반복적으로 떠올라서 고민이며 앞으로도 자신이 잘 해낼 수 있을지에 대한 걱정과 실패에 대한 두려움을 호소하였다. 무엇을 해도 잘 안될 것 같고, 목표를 달성할 자신이 없다고 했다. 상담과정에서 지나치게 과거의 일에 집착하고 과거 생각에 많은 시간을 소모하는 I의 경향을 파악하였다. 자신의 과거와 현재 모습을 근거로 미래 시점을 선부르게 예측하는 심리적 오류로 인해 좌절감이 극대화되고 있음을 인식시키고, 현재형 생각으로 전환하는 것이 중요함을 이해하도록 상담과 코칭을 진행하였다. 과거형의 '후회' 패턴의 생각이 아니라, 현재형의 '집중' 패턴의 생각을 기반으로 '어떻게 하면'의 패턴 문장

1:1 심리 상담

를 사용하여 모든 생각의 기초 패턴을 형성할 수 있도록 코칭하였다. 예를 들어 오늘 계획한 학습량이 있었는데, 졸음 때문에 당일 계획 분량을 달성하지 못한 경우 '조금 더 집중해서 했어야 했는데… 졸아서 다 망쳤네'라는 과거형 후회 패턴보다는, '어떻게 하면 오늘 못한 분량을 더 채워서 공부할 수 있을까. 시간을 더 쪼개어 써볼까' 이런 형태로 지금 당장 현재형으로 생각하고 바로 실행에 옮길 수 있는 건설적인 생각의 패턴을 습관화하는 것이다.

또한 실행과 경험이 현재의 나를 만든다는 두뇌의 신경가소성[10]에 대해 설명하고 세부적인 행동지침을 제안하였다. 두뇌는 한 번의 실패를 했음에도 그 실패를 여러 번 생각하고 떠올리면 여러 번 실패한 것으로 인식하고, 한 번의 성공을 해도 여러 번 생각하고 떠올리면 여러 번 성공한 것으로 인식함을 설명하면서, 성공 경험을 통해 두뇌의 신경가소성을 활용하고, 여러 번 떠올리고 생각함으로써 자신감과 자존감을 근본적으로 회복할 수 있도록 상담을 진행하였다.

---

10 뇌가 외부 환경의 양상이나 질에 따라 스스로의 구조와 기능을 변화시키는 특성이다.

수 차례 코칭을 통해 I는 점차 현재의 학습에 온전히 집중하는 시간이 늘어나면서 성적이 오르고 성공 경험이 누적되며 자신을 믿고 나아갈 수 있는 힘이 생겼다고 보고하였다. 과거에 매이지 않고 현재에만 집중하며 주도적으로 삶을 이끌어 나가겠다고 다짐하며 회기를 종결하였다.

1:1 심리 상담

〰〰〰〰〰〰〰〰〰〰〰〰〰〰〰〰〰〰〰〰〰〰〰〰〰〰〰〰

♥ case 10

"주위 사람들을 신경 쓰고 경쟁자들과 나를 비교하며 열등감을
느껴요."

⋯, 바람직한 경쟁의 기준 재확립

주위 사람들의 말과 행동에 지나치게 신경을 쓰는 J는 경쟁자들
의 공부량과 공부법에 관심이 많고 늘 자신만 뒤처지는 느낌이 든
다며 불안감을 호소하였다. 자신에게 집중해야 하는데 남과 비교하
면서 시간과 에너지를 많이 빼앗기고 있음을 스스로 인지하지만 문
제 행동은 지속되는 상태였다.

인간은 누구나 자신과 타인을 비교하고 적절한 모델링[11] 과정을
거치는데, 타인의 장점을 보면서 자신에게 적용하고 활용하면서 더
욱 성장하고 발전하는 데 도움이 된다. 비교의 긍정적인 측면에 대
해 설명하면서 인간이면 누구나 자연스럽게 타인과 자신을 비교하

---

[11] 개인이 다른 개인의 사고, 태도 또는 외현적 행동을 모방하거나 순응하는 행동을 나타내
는 것이다.

〰〰〰〰〰〰〰〰〰〰〰〰〰〰〰〰〰〰〰〰〰〰〰〰〰〰〰〰

므로 그 행위 자체는 문제가 없다는 것을 인지시켰다.

다만 비교 대상을 통해 자신을 비난하고 비하하는 기준으로 사용한다면 열등감만 증폭될 것이고, 비교 대상을 통해 자신이 발전하는 계기로 삼는다면 자신감을 높이는 훌륭한 도구로 사용된다는 사실을 자각시켰다. 또한 타인과의 비교는 한계가 있음을 이해시키면서, 경쟁은 언제나 어제의 자신과 하는 것이 가장 바람직하고 목표 달성 및 자신감 확립에도 도움이 된다는 것을 다양한 사례를 통해 풀어서 설명하였다. 예를 들어 발레리나 강수진 씨는 어제의 나와 비교하며 끊임없이 발전을 추구하다 보니 세계 최고가 되었다는 것을 알려주며 바람직한 경쟁의 기준을 재확립하도록 했다.

상담을 진행하면서 J는 타인보다는 자신에게 좀 더 집중하는 시간이 많아졌고, 예전보다 타인의 시선이나 행동이 덜 신경쓰이고, 어제의 자신보다 더 나아지기 위한 발전적이고 긍정적인 행동에 집중하고 실행하고 있음을 보고하였다. 그리고 확실히 자신감이 높아졌고 자신을 좀 더 사랑하게 되었다고 벅찬 마음을 표현하였다.

1:1 심리 상담

~~~~~~

♥ case 11

"학교에 가고 싶지 않아요."

···▸ 긍정적 자아상 확립

고등학교 2학년인 K는 주변 친구들이 자신을 싫어한다고 믿고 있었으며 외모 콤플렉스가 심했다. 상담 초반에 K의 학교, 친구에 대한 불만사항을 들어 주며 라포를 형성했고 K가 생각하는 학교에 대한 인식을 분석했다. 학교를 선생님, 학업, 교우관계, 수업장면 등 여러 단위로 나누어서 어떤 부분이 가장 자신을 힘들게 하는지를 구체적으로 탐색하도록 도움을 주었다.

K는 학교를 생각하면 막연하게 거부감을 느끼는 학생이었다. 결국, 학교 자체가 싫은 게 아니라 자신과 생각이 맞지 않는 특정 친구들과 어울리는 것이 부담이었다는 것을 알아차리게 되었다. 그리고 친구들과 어떤 부분이 생각이 잘 맞지 않는지 그 부분들을 끄집어내서 상세하게 분석하였다. 그 과정에서 내담자가 인간관계 스킬에서 부족했던 부분들이 있었다는 것을 자각시켰다. K는 외동이고 자

~~~~~~

신이 원하는 대로 바로 얻어내는 삶을 살아왔기에 그런 자신 앞에서 다른 주장을 펼치는 친구들을 마음으로 거부하고 있었다는 사실을 스스로 인정하게 되었다. 또한 학교생활에서 자신이 행복을 느꼈던 순간들에 대해 대화를 나누었고 학교에 대한 전반적인 감정을 긍정적으로 인지하도록 했다.

K가 가진 기존의 신념과 자아상을 긍정적으로 변화시킬 수 있도록 어려움을 극복하고 스스로의 삶을 개척한 사람들의 이야기를 전했다. 또한 자신이 얼마나 소중한 존재인지를 자각하게 하고 '나는 사랑받고 있는 사람이다', '나는 세상에서 가장 소중한 사람이다'라는 자기 암시를 아침, 저녁 20번씩 외치도록 했다. 외모 콤플렉스에 관한 부분은 이완 요법을 통해 자기애적 암시를 주고 자신을 더욱 가치있게 느끼도록 하는 데 도움을 주었다. 5회기의 상담 끝에 K는 학교를 정상 등교했고 친구와의 갈등 문제를 완만히 해결할 수 있었다. 친구들을 통제할 것이 아니라 자신의 마음가짐만 통제하면 자신이 편할 수 있다는 사실을 깨닫게 된 것이다.

1:1 심리 상담

♥ case 12

"부모님에 대한 원망과 상처 때문에 공부가 안 돼요."

⋯→ 주도적인 삶에 대한 고찰, 건강한 자아상 확립

부모님, 특히 어머니에 대한 상처와 원망이 매우 깊은 L은 기숙학원에 입소하여 생활하는 것이 오히려 마음이 편하고 행복하다고 했다. 어머니에게 늘 언어 폭력과 정서적 학대에 시달리던 L은 두 차례 자살 시도를 한 적이 있으며 학업에 대한 관심보다는 마음의 상처를 보듬고 심리적 문제를 해결하는 것이 시급한 상태였다.

L이 그동안 겪은 상처와 아픔에·대해 충분히 공감해 주면서 라포를 형성하였다. 초반에는 다소 방어적인 태도로 상담에 임하였으나 그가 도움을 간절히 요청하고 있는 상태임을 파악할 수 있었다. 과거의 일들로 인해 자아가 약하고 자신을 부정적으로 인식하는 상태였다. 주양육자로부터 충분한 사랑과 관심을 받지 못하고 성장하다 보니 타인의 인정과 관심에 매우 목말라 있었고 왜곡된 인간관계 신념을 갖고 있어서 건강한 관계를 맺는 것이 어려워 보였다.

우선적으로 부모님과 자신을 동일시하며 부정적인 자아상을 형성하게 된 원인에 대해 함께 탐색하고, 자신은 부모님과 완전히 독립된 존재임을 자각하도록 도왔다. 또한 부모님이 했던 언어 폭력과 정서적 학대는 비윤리적인 행위이며 명백한 잘못이라는 것을 이해시켰고, 결코 L의 잘못이 아님을 인식시켰다. 인간의 무의식적 메커니즘에 의해 자신이 듣고 경험한 대로 자녀에게 말하고 행동할 수밖에 없는 기본 원리를 설명하고, 의도하지 않아도 타인에게 상처를 줄 수 있음을 자각시켰다. L은 상담 중간에 고통스러운 기억을 떠올릴 때도 초반에는 감정을 최대한 억제하고 담담하게 이야기하는 모습을 보였지만, 회기가 거듭될수록 눈물을 흘리거나 감정을 드러내며 치유의 과정을 겪으면서 점점 얼굴이 밝고 자연스러운 모습을 보였다. 특히 죽고 싶다는 생각이 많이 사라졌다고 보고하였다.

8회기의 상담을 통해 다소 의존적이고 부정적인 자아를 많이 치유하였고 건강한 자아상을 확립하는 초석을 다졌다. L은 긍정적인 자기암시 습관을 갖게 됨으로써 자신이 진정으로 원하는 목표를 탐색하고 계획을 세우기 시작했고, 성공적인 입시를 했다는 기쁜 소식을 전해왔다.

1:1 심리 상담

♥ case 13

"게임 중독에 빠져서 공부하고 싶지 않아요."

⋯▸ 게임중독 치료, 긍정적인 목표 수립 및 전반적인 생활태도 개선

    고등학교 3학년에 재학 중인 M은 수험생임에도 불구하고 학교 생활, 공부는 뒷전이고 친구들과 계속 게임을 하는 학생이었다. 초반에는 심리전문가와 상담하는 장면을 매우 경계하며 게임을 못하게 할까 봐 매우 방어적인 자세로 상담에 임했다. 편안하게 라포 형성을 하면서 천천히 M을 탐색하였다. 친밀감 형성을 위하여 어떤 게임을 제일 좋아하고 어느 정도로 잘하는 것인지도 이야기를 나누었다. 그리고 게임하기 이전에 자신이 제일 좋아했던 일들과 게임에 빠진 뒤에 변했던 점들에 대해 탐색하였다.

    상담 중에 M은 게임만 하고 있는 자신이 한심하고 답답하다고 고백했다. 자발적인 변화의 욕구를 보여준 M에게 인생에서 가장 중요한 가치들을 내면화시켜 주었고 초집중 이완 요법을 병행하여 게임 중독 치료를 시작했다. 초집중으로 게임에 대한 인식을 변화시키

기 위해 혐오자극[12]을 주는 암시를 반복하여 진행했다. 예를 들면, 게임을 하면서 초라한 모습으로 후회 속에서 죽어가는 자신의 모습을 상상하게 하고 그 후회의 감정이 최면에서 깬 이후에도 더 강하게 지속적으로 남아있도록 해서 회피 동기[13]를 형성하였다.

별도로 접근 동기[14]를 마련하기 위해서 게임 중독이던 학생들이 다시 정신을 차리고 명문대에 간 이야기들과 밑바닥 인생을 살았던 사람들이 어떻게 최고의 성공을 이루었는지의 핵심 원칙들을 알려주고 그것을 밤바다 매일 보고 읽도록 하였다. M이 상담을 올 때마다 그 내용들을 스스로 말해보고 숙지된 정도를 파악했다. 상담 회기가 진행될수록 M은 게임을 하는 시간과 게임 의존도가 눈에 띄게 줄어들었고 생활 태도도 많이 개선되어 드디어 공부를 시작했다고 보고하였다.

12 행동을 변화시키기 위해 신체적으로 통증을 느끼게 하는 것과 같이 불쾌한 느낌을 주는 자극이다.
13 무언가 좋지 않은 것으로부터 벗어나거나 회피하기 위해 열심히 일을 하게끔 만드는 것이다.
14 무언가 좋은 것을 얻기 위해, 즉 그것에 가까워지기 위해 열심히 어떤 일을 하는 것이다.

❤ case 14

"잡념 때문에 계획대로 실행하지 못하고 계속 미루고 있어요."

⋯ 잡념이 드는 원인, 생각의 메커니즘, 초단기 계획표의 활용

N은 공부를 하려고 하면 얼마 지나지 않아 여러 가지 잡념들이 떠오르기 시작하고, 걷잡을 수 없이 계속 늘어나는 잡념 때문에 공부에 집중하는 시간이 짧고 계획한 목표를 대부분 달성하지 못한다는 고민을 호소하였다. 잡념이 드는 원인은 다양한데, 특히 무의식의 원리에 의해 인간은 매순간 통제할 수 없는 다양한 생각에 빠지게 된다는 것을 인지시켰다. 또한 잡념이 드는 순간에 집중을 빼앗기고 잡념을 오래 지속할 것인가, 아니면 의식적으로 집중하고 전환할 것인가를 선택하고 집중하도록 훈련했다. N에게 의식적인 노력(deliberate practice)에 대해 충분히 설명하고 이제는 대충하는 노력이 아닌 정말 한계를 넘기 위한 공부를 할 수 있도록 코칭을 진행하였다.

또한 N에게 두뇌의 단기 기억의 특성을 설명하고 매순간 초집중

할 수 있는 최적의 루틴 문장을 활용하도록 하였다. N은 잡념의 매 커니즘과 원리를 이해하고 나니 훨씬 집중 시간이 길어졌다고 보고 하였다.

인간의 두뇌는 선택적 지각을 통해 효율성을 높이는데, 중요하 다고 판단되는 정보는 기억하여 자주 떠오르도록 돕지만, 중요하지 않다고 판단되는 정보는 빠르게 망각하는 특징이 있다. 주기적으로 특정 장면이나 부정적인 요소를 반복적으로 떠올리는 행위는 두뇌 의 선택적 지각을 오용하게 하여 무의식에 더욱 깊이 각인하게 만 들고, 더 오랫동안 잡념에 빠져들게 할 수 있음을 설명하고 인식시 켰다.

지속적인 코칭과 멘탈 트레이닝을 통해 N은 점차 잡념의 시간 이 줄어들고 집중해야 하는 생각들의 범위와 빈도가 높아지면서 집 중력과 학습 능률이 월등히 높아졌으며, 실제 수능시험에서는 수학 만점을 받는 놀라운 결과를 증명했다. 잡념만 통제해도 집중력을 극 도로 높이는 데 도움이 된다는 것을 단편적으로 보여준 케이스였다.

운명의 주인이 될 것인가,
운명의 노예가 될 것인가?

입시 전쟁, 취업 전쟁…. 한 개인으로 자기 삶을 행복하게 사는 것만도 전쟁같이 힘든 세상이다. 너무 경쟁이 심하다 보니 마음은 조급해지고 생각의 폭은 점점 더 좁아진다. 성공이 어렵다거나 삶은 매우 힘든 것이라는 생각이 무의식을 잠식해가는 것이다. 제대로 시도조차 해보지 못한 채 먼저 포기해 버리고, 그저 적당히 먹고사는 데에만 급급해진다. 많은 젊은이들이 정신적으로 지쳐가고 있다.

나 또한 나의 미래가 멋지게 펼쳐질 것이라고 기대하기가 쉽지 않았다. 하지만 20대 때 억대 소득자가 되었고, 마치 인생 역전의 주인공처럼 경제적, 사회적, 내적으로 정말 행복한 인생을 살게 되었다. 이런 변화가 가능했던 이유는 바로 지식을 멋지게 활용할 수 있었기 때문이라고 단언할 수 있다. 지식을 제대로 활용하기만 한다면 누구나 자신의 미래를 멋지게 바꿀 수 있다.

정말 성공하고 싶다면, 당신보다 뛰어난 성취를 이룬 모든 사람이 지식의 가치를 먼저 믿고 실천하고 활용했다는 사실을 알아야한다. 원하는 삶을 살기 위해 반드시 선행되어야 할 지식들을 이 책을 통해서 먼저 갖추어 내면화하기를 바란다. 그리고 '선행지식'은 인간과 인생 그리고 무의식에 대한 지식을 말하는 것임을 잊지 마라. 진리는 우리를 자유롭게 하고, 지식은 우리를 성장하게 한다.

인간은 자기 운명의 주인이 되어야 한다. 스스로 운명을 지배하려고 노력하지 않으면 남에게 끌려다니는 인생을 살게 된다. 노력을 포기하면 인생이 편할 것 같지만 그것은 착각이다. 젊은 여러분은 선택해야만 한다. 운명의 주인이 될 것인가, 아니면 자신의 운명을 남들에게 맡긴 노예가 될 것인가를 말이다.

재차 강조하지만, 항상 원하는 것에만 집중하라. 원하는 것에 집중하지 않는 순간, 그것으로 끝나는 것이 아니라 집중을 갈망하는 우리 정신 에너지가 즉각적으로 원치 않는 것에 쏠리게 된다. 즉, 자신이 원치 않는 것들에 집중을 다 빼앗기는 것이다. 원하는 것을 언제나 구체적으로 떠올릴 수 있고 그것을 입으로 설명하고 풀어낼 수 있는 정신적 수준이 된다면 결국 다 얻게 된다.

책을 마무리하면서 독자들에게 질문을 하나 하고 싶다. 여러분은 무엇을 원하는가? 아직도 '어떤 직업'이나 '돈을 얼마 버는 것',

'행복한 것' 등으로 원하는 것을 표현하는 사람이 있다면 이 책에서 내가 전달하고자 하는 바를 정확히 이해하지 못한 것이다.

우리 인간이 원하는 것은 초집중 상태(고도의 집중과 몰입 상태)를 자신의 분야에서 더 멋있게 잘 만들어내는 것이다. 이 진리를 언제나 평생의 목표로 삼고 매번 생각하고 자신의 정신에너지를 쏟아부어 최고의 초집중 상태를 만들어라. 그렇게 스스로 자신의 운명을 개척하고 누구도 부럽지 않은 성공을 이룬 뒤, 나에게 그 성공스토리를 전해준다면 더할 나위 없이 큰 기쁨과 영광이 되겠다.

마지막으로 당부하고 싶은 것은 성공을 위해서는 성공한 자들을 최대한 슬기롭게 활용해야 한다는 점이다. 나는 언제나 강의실에서 미래에 주인공이 될 훌륭한 젊은이들을 기다리고 있다. 모든 일의 시작은 멘탈이고, 모든 일의 마지막도 역시 멘탈이다. 이토록 중요한 정신과 마인드를 완벽히 무장하며 세상에 뛰쳐나갈 준비가 된 분들, 더 큰 깨달음과 성취를 이루고 싶은 분들이라면 언제든 뜨거운 마음으로 환영한다.

인간은 고도의 집중과 몰입 상태로 태어나서, 항상 초집중 상태를 원하고, 반드시 초집중 상태가 될 수밖에 없는 존재다. 진정한 세상의 주인이 되고 싶다면, 반드시 기억하라.

"인생은 초집중이다."

여러분 삶의 모든 초집중 순간을 응원한다.

참고 문헌

⋊ 김상운, 『왓칭(WATCHING)』, 정신세계사, 2011

⋊ 김종래, 『칭기스칸의 리더십 혁명』, 크레듀, 2006

⋊ 나폴레온 힐, 『결국 당신은 이길 것이다』, 흐름출판, 2013

⋊ 루이스 L. 헤이, 『나는 할 수 있어』, 나들목, 2018

⋊ 리사 손, 『메타인지 학습법』, 21세기북스, 2019

⋊ 밀턴 H. 에릭슨, 『밀턴 에릭슨의 심리치유 수업』, 어크로스, 2015

⋊ 박세니, 『공부하지 마라 최면해라!』, 맑은샘, 2013

⋊ 벤저민 하디, 『최고의 변화는 어디서 시작되는가』, 비즈니스북스, 2018

⋊ 사이토 히토리, 『부자의 행동습관』, 다산북스, 2020

⋊ 스탠 비첨, 『엘리트 마인드』, 비즈페이퍼, 2017

⋊ 제프 콜빈, 『재능은 어떻게 단련되는가?』, 부키, 2010

⋊ 조지 베일런트, 『행복의 조건』, 프런티어, 2010

⋊ 캐서린 폰더, 『부의 법칙』, 국일미디어, 2018

⋊ 클라우드 M. 브리스톨, 『신념의 마력』, 아름다운사회, 2004

⋊ 타라 스와트, 『부의 원천』, 알에이치코리아, 2019

초집중의 힘

1판 1쇄 발행 2021년 2월 25일
1판 5쇄 발행 2023년 10월 13일

지은이 박세니

발행인 양원석 **편집장** 정효진
디자인 신자용, 김미선 **영업마케팅** 양정길, 윤송, 김지현

펴낸 곳 ㈜알에이치코리아
주소 서울시 금천구 가산디지털2로 53, 20층 (가산동, 한라시그마밸리)
편집문의 02-6443-8847 **도서문의** 02-6443-8800
홈페이지 http://rhk.co.kr
등록 2004년 1월 15일 제2-3726호

ISBN 978-89-255-8906-0 (03190)